인생에
고민이 있다면

잘 살고
있는 것이다

인생에
고민이 있다면

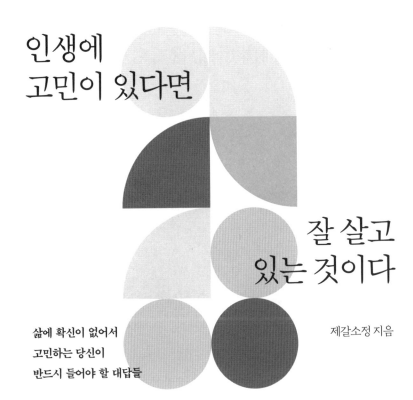

잘 살고
있는 것이다

삶에 확신이 없어서
고민하는 당신이
반드시 들어야 할 대답들

제갈소정 지음

체인지업
CHANGEUP

지금 있는 그 자리에서 시작하세요

저는 승무원을 했었고 초등교사도 했다가, 지금은 강의하고 글을 쓰며 살아가고 있습니다. 지금은 이렇게 제 이력을 이야기하고 있지만, 어디 한군데 발붙이지 못하고 뭐 하나 잘하지 못하는 것, 나의 길을 찾아 여기저기 기웃거렸던 것은 저에게 가장 큰 콤플렉스였습니다. 기대에 부응해보려고 열심을 내다가도 주변을 돌아보며 위축되곤 했습니다. 그냥 다 놓아버리고 구석에만 처박혀 있고 싶을 때도 많았습니다. 억지로 오늘을 견뎌내다 보니 하루가 흐르고 일주일이 지나가기도 했습니다. 그런데 '될 대로 되라지' 하며 그냥 막 살고 있음에도, 희한하게 잘되고 싶고 성공도 하고 싶었습니다. 아무리 '이생망'이라 해도 대놓고 망치고 싶진 않더라고요.

그렇게 어느 날은 잘 살아보고 싶은 마음이 불쑥 튀어나왔습니다. 아직 살아있으니까요. 숨 쉴 수 있는 기회가 아직 주어졌으니 이왕이면 잘 살고 싶은데 어떻게 해야 하는 건지 몰라 부단히 고민하고 연구했습니다. 마음 한구석 저 끄트머리에 눈곱만큼 남아있는 희망을 놓지 못했고, 아마도 제 안의 가능성을 믿고 싶었나 봅니다. 누군가 날 응원해주고 도와주기를 기다렸던 것 같습니다.

이렇게 사람에게는 말로 설명하기 힘든 역설적인 마음이 있더라고요. 그 마음을 잘 알기에 여러분을 응원하고 싶습니다. 굳이 드러내고 싶지 않았던 시행착오들도 나눌 용기를 얻었답니다. 많이들 궁금해하시는 일상 속의 온갖 고민들까지 모으니 한 권의 책이 되었습니다. 콤플렉스가 개성이 되는 놀라운 세상입니다. 세계인 80억 명이 각기 다른 지문을 가지듯이 인생에도 80억 개의 무늬가 있을 거예요. 아마도 제 무늬를 통해 한 번에 지름길로 가지 못해도 괜찮을지 모른다는 위안을 드릴 수 있지 않을까 생각해봅니다.

어릴 적부터 레고 놀이를 좋아했습니다. 다 만들고 나서 하는 역할놀이도 신나지만 전 조립하고 만드는 게 더 재미있더라고요. 복잡하고 어려울수록 더 좋았습니다. 잘 못 해도 부수고 다시 하면 되니까요. 완성품을 마주하는 것도 물론 뿌듯하지만, 제겐 그 기쁨보다 무언가를 만드는 과정에서 오는 자아효능감과 만족감이 훨씬 더 컸습니다. 예전에는 인생은 레고랑 달라서 재조립할 수 없는 것이라 여겼던 것 같습니다. 그래서 이왕이면 한 번에 가장 좋은 선택을 하려고 노력했지요. 너무 잘하려다 보니 절대 실수하면 안 될 것 같아서 스스로를 옥죄고 살아가기도 했습니다.

돌이켜보니 레고나 인생은 비슷한 것 같습니다. 삶 역시 완성형이라서가 아니라 그 과정 때문에 멋집니다. 굳이 설명서대로 안 해도 더 멋진 결과물을 만나기도 합니다. 실수 때문에 오히려 창의적인 나만의 작품이 되기도 하지요. 잘 못 해도 괜찮아요. 티도 안 나는 작은 조각을 시작으로 사부작사부작 조립해가면 됩니다.

'나다운' 삶을 살아가는 것이 가장 '잘' 사는 것이라 생각합니다. 긍정적인 의미로 '너답다'는 말을 들으면 정말 기쁠 것 같아요. 가장 멋진 칭찬 아닐까요. 잘 살면 나다워지는 것이 아니라 '나답게' 살면 잘 사는 것이지요. 나다운 것에는 정답이 없습니다. 남들이 보기에도 그럴듯해 보이기 위한 곳을 찾아 헤매기보다, 지금 있는 그곳에서 작게 시작하는 것이 가장 쉽습니다. 다시 도전해보는 데 저항감이 덜하니까요.

어제 못했다고 오늘도 잘 못할 리 없습니다. 오늘 잘했다고 내일도 잘하리라 확신할 수 없지요. 또 작심삼일로 끝날지도 모릅니다. 괜찮습니다. 한 달 뒤나 1년 후 어떨지 장담할 수 없습니다.

뭐 어떤가요. 반항심과 가능성을 살짝 담아 '오늘은'이라는 말을 내뱉어 봅니다. 딱 오늘만, 오늘부터, 오늘만은 나답게 살아보는 겁니다.

방황도 쓸모가 있는 법, 저만의 좌충우돌 소소한 이야기가 여러분의 보물을 꺼내는 마중물이 되었으면 좋겠습니다. 행간에 여러분의 생각이 켜켜이 스며들기를 기대합니다. 시공간을 초월한 친구가 되어 같이 수다 떨고 싶습니다. 그렇게 일상 안에서 나만의 색깔을 찾아 거센 바람에도 흔들리지 않는 단단한 뿌리를 만들어갔으면 좋겠습니다. 오늘은 나답게, 저마다 각기 다른 빛깔을 뿜어내는 아름다운 인생의 주인으로 살아가기를 응원합니다.

제갈소정

1장

내가
배운

인생의
기술

내 인생의
주인 되기 실험

'우와, 무협 고수가 되면 정말 날아다닐 수 있을까? 소림사에 가면 가능할까?'

지금이나 예전이나 난 쓸데없는 상상을 참 즐겨 했던 것 같다. 어린 시절 영화 속 주인공들처럼 발차기를 '탁탁' 하며 못된 사람을 혼내주고, 날아다니는 내 모습을 떠올리며 감탄했으니까. 자신이 가진 능력으로 스스로를 지키고 또 누군가를 도우며 살아가는 삶이 멋져 보였다. 나도 어른이 되면 이런 고수는 아니어도 꽤 멋진 인생의 주인으로 살 수 있을 줄 알았다.

아이들도 어른이 되기만 하면 좋을 것 같단다. 공부 안 해도 되고 금지된 수많은 것들도 마음대로 할 수 있을 것 같다고. 어느 순간 나이를 먹기만 한다고 될 일은 아니라는 걸 어렴풋이 알기 시작하면서 불편한 감정들이 올라왔다. 니체가 '르상티망'이라 부른 열등감이나 질투 어린 원망이었을까. 나도 좀 내 맘대로 제법 괜찮은 삶을 살고 싶은데 현실은 돈도 빽도 아무것도 없어 틀려먹었다 여겼다. '돈, 시간, 좋은 직장, 좋은 사람, 용기, 건강한 체력' 내 인생에 이것들만 있으면 딱 좋을 것 같다며 부족한 걸 가지면 내 인생의 주인이 될 수 있다고 생각했다. 정말로 그런 줄 알았고 솔직히 그렇게 원했던 시절이 있었다. 바라면 다 이루어진다고 자기계발서에서 그랬단 말이다. 어찌 보면 맞는 말 같은데, 자세히 들여다보면 결이 다르다.

"인내를 달라고 기도하면 신은 뭘 줄까요? 인내? 인내할 기회?"

아이들과 함께 영화 〈에반 올마이티〉를 보다 말고 이 대사 앞에서 잠시 멈춰 섰다. 낯설었다. 무언가를 원할 때면 직접적으로 그것을 구체적으로 원하곤 했지, 그것을 드러낼 상황이 주어진다는 걸 한 번도 생각해보지 못했다. 난 이미 다 가지고 있었던 건가. 다만, 꺼내지 않았던 것일지도 모른다. 내 경험만 돌이켜봐도 인내를 발휘하거나 혹은 두려워 도망치는 것을 선택하는 상황이 생겼을 뿐이었다. 지금 이 순간에도 나는 선택할 수 있다. 억지로 해야 하는 일일지라도 어떤 마음을 먹을지 결정할 수 있다. 내 인생의 주인이라는 것은 이런 건가.

이미 나는 태어났을 때부터 주인이었던 거다. 별것 아닌 단순한 진리가 시시했고, 무섭기도 했다. 중심이 서지 않은 상태에서 주어진 인간의 자유의지는 오히려 삶을 모호하게 만들었다. 무엇이든 가능한 건 기회가 아니라 혼란으로 다가왔다. 내게 전적으로 주어지는 책임감과 부담감이 싫고 무서워 세상 핑계를 댔던 것 같다. 틀에 박힌 일, 남들이 시키는 일을 안 하면 타인의 노예가 되지 않을 거라 생각해서 직장을 관뒀다. 멋져 보이도록 크게 티가 확 나게 바꾸는 것만이 내 삶에 변화를 가져올 수 있다고 믿었던 것 같다. 그 당시에는 그게 주체적인 삶을 살아가는 유일한 길이라 생각했다.

얼마 지나지 않아 그건 표면적인 것이었을 뿐, 직업을 바꿔도 삶은 달라지지 않는다는 걸 깨달았다. 왜 난 꼭 이렇게 경험해봐야 아는 걸까. 마틴 로이드 존스 목사는 "당신 인생의 불행 대부분은 스스로에게 말하지 않고, 내면의 음성에 귀 기울인 결과임을 아는가?"라 했는데 그 말이 딱 맞다. 나를 옭아매고 있는 건 다른 사람이 아니었다. 내 생각과 감정이 나를 노예로 만들고 있었다. 일하고 싶지 않은 마음, 쉬고만 싶은 생각, 남들만큼 잘 살고 싶은 욕망, 잔소리를 듣고 싶지 않은 이기적인 마음들에 이끌려 살 뿐이었다. 분명 내 마음인데 원치 않는 방향으로 나를 끌고 간다. 내면의 음성을 다스리는 진짜 주인이 되는 경지는 언제쯤 오는 걸까.

몇 년 전 서핑을 배우러 바다에 들어갔을 때 바로 후회했다. 등 뒤로는 계속 파도가 밀려왔고 가만히 서 있는 내 몸에 부딪혀 부서지는 물살은 멈출 줄 몰랐다. 파도에 휩쓸리지 않으려고 안간힘을 쓰다 보니 온몸을 두들겨 맞은 것처럼 아팠다. 고꾸라져 물도 얼마나 많이 먹었는지 만신창이였다. 고생 끝에 보드에 올라타 바람을 느끼며 앞으로 나아가는 순간의 기쁨은 이루 말할 수 없었다. 올라탈 수 있는 파도를 한없이 기다리다가도 찰나의 순간을 놓치지 않고 그 파도에 내 몸을 맡기면 파도와 내가 하나가 되었다. 잠깐이었지만 흔들리는 파도 위에서 중심을 잡고 앞으로 나아갈 수 있다는 사실이 놀라웠다.

파도처럼 휘몰아치는 내면의 음성에도 올라탈 수 있지 않을까. 이길 수도 없는 파도에 덤비는 것도 혹은 다 포기하고 파도에 떠내려가는 게 아니다. 파도에 내 몸을 맡기되 그 파도와 함께 앞으로 나아가는 것이다. 이랬다저랬다 하는 파도 같은 내 마음은 다스릴 수 있는 게 아니니 중심을 잡고 올라탈 수밖에 없다. 흘려보낼 것은 흘려보내면서 보드를 타고 함께 나아갈 수 있도록 말이다.

어떤 건 안주하는 마음이고 어떤 건 만족하는 마음일까. 순응과 포기는 어떤 차이가 있는 걸까. 도전과 도망치는 건 뭐가 다르지? 어떤 마음은 들어줘도 되는 거고, 얼마만큼은 봐주고, 어디에선 넘어서지 않게 선을 그어야 하는 걸까. 얼마큼이 충분하고, 어느 정도면 있다고 말할 수 있는 건가. 중심을 잡기 힘들 만큼 머릿속만 복잡해지게 만드는 것들이지만 나만의 적정선을 찾아내는 중요한 질문들이다. 답을 찾아가는 와중에 이렇게 태어났다는 사실을 바꿀 수는 없어도 지금 이 순간을 어떻게 사용할지는 결정할 수 있다. 파도에 휩쓸리기만 하고 있을지, 어떤 파도에 올라탈지 선택할 수 있는 가능성이 가득하다. 감사한 기회다. 매일매일 이 내 마음과 생각의 주인이 되는 실험 중인 거다. 어떤 결과이든 간에 차곡차곡 이 실험들이 쌓여가다 보면 나만의 기준을 잡을 수 있겠지?

지금도 그 무서운 파도를 떠올리면 엄두가 나지 않지만, 자연스레 파도와 호흡을 같이 한 벅찬 순간을 떠올려본다. 수없이 자빠지는 만큼 계속하다 보면 더 잘할 수 있게 되지 않을까. 지금 이 몸으로 무술 고수는 아무래도 물 건너간 것 같지만, 이 글자들의 무게들이 쌓여가는 만큼 오늘만은 내 인생의 주인으로 살 수 있기를.

일상을
여행처럼 살기

난 세상 밖이 궁금했다. 이미 아는 세상 말고 새로운 곳은 어떨까 상상했다. 다른 사람들의 이야기를 접할 수 있는 책이 좋았고, 일상을 탈출하여 미지의 세상으로 데려다주는 세계지도가 좋았다. 학창시절에는 책상머리에 세계지도를 붙였고, 승무원이 된 후에는 다이어리에, 초등교사가 된 후에는 우리 반 교실 앞 게시판에 붙여놓곤 했다. 하늘을 날아 새로운 세상으로 데려다주는 비행기는 더더욱 좋았다.

지금도 각 도시와 세계 역사들을 다룬 책들이 책장 한 부분을 가득 채운다. 전 세계 여행 자석들이 현관 어귀에 잔뜩 붙어있고, 지구본과 비행기 모형들이 집안 곳곳에 장식되어 있다. 이제는 수많은 유튜브 영상들을 통해서도 안방에서 곳곳을 탐험한다. 그들 덕분에 순간이동의 초능력은 없지만 여행 가는 설렘을 매일 느낀다.

세계 속으로 나가고 싶었지만, 10대 시절은 여느 대한민국의 여고생처럼 집, 학교, 학원, 독서실만이 현실지도 속 지명들이었다. 20살이 되어 대학에 와서도 마찬가지였다. 집, 학교, 대학교 지하철역, 학원, 아르바이트, 집 그리고 거기서 거기인 친구들과의 만남 장소. 대한민국, 아니 서울 나들이조차 제대로 해본 적이 없는 정말 서울 촌아가씨였다. 대학에 가보니 방방곡곡, 지방을 비롯한 세계 각지에서 온 친구들을 실제로 만날 수 있었다. 그들의 삶은 특별해 보였고 부러웠다. 마음속으로는 이미 세계 속을 누비고 있었지만, 현실은 9시만 넘어도 부모님의 "언제 오니? 당장 들어와!" 전화만이 날 독촉했다.

시간이 지날수록 자유롭게 해외 생활을 해보고 싶은 마음만이 불타올랐다. 주변의 친구들이 쉽게 다녀오는 어학연수도 내겐 그림의 떡이었다. 특별한 비전이 없는 채로 영어만을 위해 자녀를 해외에 보낼 만큼 우리 집은 넉넉하지도 않았을뿐더러, 영어를 공부하기 위해서 꼭 해외로 나갈 필요가 없다는 부모님의 철학은 확고했다. 어느 날 유치원 동창 K에게 반가운 소식을 들었다. 캐나다 토론토에 이민을 가 있던 그녀가 저렴하고도 유익한 어학연수 프로그램을 소개해 준 것이었다.

당시 캐나다 토론토의 교육청은 '토론토 교육청'과 '토론토 가톨릭 교육청'으로 나뉘어 있었는데, 그중 토론토 가톨릭 교육청에 'COSTI'라는 신규 이민자의 영어공부를 도와주는 산하기관이 있었다. 여기에서 여름방학 두 달 동안, 하루는 교실에서 영어공부를 하고 하루는 현지인 선생님과 함께 토론토 시내를 돌아다니며 관광을 하는 프로그램에 참여할 수 있게 된 것이다. 한국의 여느 영어학원 비용보다 저렴한 금액으로, 아시아인을 찾아보기 어려울 만큼 낯선 동네에서, 영어와 문화까지 배울 수 있다니 꿈만 같았다. 무엇보다 부모님의 간섭을 받지 않고 혼자 간다는 게 너무나 설렜다. 단 2개월의 시간이었지만 내겐 다시 오지 않을 특별한 기회임을 직감했던 것 같다. 그 후 몇 개월 동안 나의 모든 생활은 한국을 떠나기 위한 준비로 이루어졌다. 영어 회화 책을 보며 달달 외웠고, 아르바이트비를 모아 비행기표 값에 보탰으며, 치열하게 공부해 목표한 성적을 달성하고 장학금을 받았다.

그렇게 처음 홀로 떠났다. 모든 게 낯설고 새로웠다. 공항에 도착하여 혼자 발권을 하는 것도, 환승하다 지갑을 분실해놓고도 카운터에 담대히 신고하는 내 모습이 뿌듯했다. 괜시리 진짜 어른이 된 것 같아 으쓱했다. 비행기를 타고 떠나는 장면도 예상 그대로였다. 이런 장거리 비행은 처음인 촌아가씨였기에 수시로 주는 기내 간식은 자다가도 벌떡 일어나 다 먹었다. 조금이라도 더 영어를 사용하고 싶어 옆자리의 일본 여학생과도 대화를 나누었다. 그녀는 어학연수 후 홈스테이 가족을 방문하러 가는 길이라고 했다. 유창한 그녀의 영어 실력에 순간 의기소침해졌지만 나도 돌아오는 비행기에서 저렇게 말할 수 있을 거라 생각하니 신이 났다. 17시간의 비행을 끝내고 토론토에 도착했다. 자동차 창밖으로 내다본 하늘은 우리나라와 달랐다. 이쪽 지평선 끝에서 저쪽 끝까지 시야를 가리는 게 아무것도 없었다. 바다처럼 뻥 뚫린 아름다운 하늘을 보며 넓은 세상에 온 것이 실감이 났다.

그러나 현실은 현실이었다. 맘껏 대화를 나누리라 생각했던 나의 상상은 며칠 지나지 않아 무참히 깨졌다. 나름 혼자서 잘 준비해왔다고 생각했던 영어는 참가한 다른 수강생들에 비해 너무나 부족했다. 분명 어학프로그램인데 악센트만 다를 뿐 모두가 현지인이나 다름없었다. 보는 사람마다 말을 걸어 열심히 영어 실력을 높여보려던 나의 불타는 의지는 알아듣지 못하는 말들이 늘어가며 눈 녹듯 사라져갔다.

용기 내어 "Hi!"를 말한 후 이어지는 대화가 부담스러워져 더 이상 말을 붙이기 두렵기만 했다. 맘처럼 유창하게 말할 수 없는 내 모습이 초라했기에, 눈이 마주쳐 미소 짓는 현지인을 만나기라도 하면 어색하게 미소 짓고 빠른 걸음으로 도망쳤다. 집에 돌아와도 텔레비전을 보며 웃는 K의 가족들이 부럽기만 했다. 한국의 가족과 친구들이 너무나 보고 싶었고 한국어 방송을 보고 싶었다. 왕복 3시간 정도 버스와 지하철, 전차를 타는 것도 그냥 다 힘들었다. '도망칠까? 아니야. 온 지 얼마나 됐다고. 괜히 왔나 봐. 아니야, 난 할 수 있어! 해낼 거야!' 포기해버리고 싶었지만 기껏 여기까지 온 비행기표 값이 아까웠다. 외롭고 힘들다고 헛되이 흘려보내기엔 너무나 어렵게 얻은 기회였다. 그렇게 멍하니 대중교통에서 만나는 수많은 인종의 다양한 사람들을 보고 있다가 책상머리에 붙여둔 세계지도가 번쩍 떠올랐다. 매 순간이 이미 세계여행이었다. 서울 촌아가씨가 꿈꾸던 드넓은 세상이 눈앞에 펼쳐져 있었다.

'말로 갈 수도, 차로 갈 수도, 둘이서 갈 수도, 셋이서 갈 수도 있다. 하지만 맨 마지막 한 걸음은 자기 혼자서 걷지 않으면 안 된다.'

어디선가 들었던 헤르만 헤세의 말도 떠올랐다. 당장 2개월이야 친구가 도와줄 수 있겠지만 그 이후는 어떤가. 누가 내 인생을 대신 살아줄 수도 없었고, 날 지켜줄 수 있는 사람도 없었다. 나만이 이 상황을 헤쳐 나갈 수 있는 열쇠를 갖고 있다는 사실을 몇백 킬로미터 떨어진 곳에 홀로 와서야 깨닫게 된 것이다.

다시 용기를 냈다. 스스로 위기를 극복해내지 않는다면 앞으로도 나아갈 수 없을 것 같았다. 나약한 껍질이 깨지고, 새로운 버전의 나로 거듭나는 순간이었다. 마음가짐이 달라졌을 뿐인데 외로움이 기대감으로 바뀌었다. 못하면 어떤가, 못하니 배우러 온 거 아니겠는가. 조금씩 철면피가 되어 갔다. 매 순간을 최고의 기회라 여기니 24시간이 아까울 지경이었다. 마음먹기에 따라 이 세상이 얼마나 달라지는지 온몸으로 깨달았다. 우리는 거의 언제나 세상을 바꿀 선택권을 가지고 있고, 그 선택이 훌륭할수록 우리는 스스로의 인생을 좀 더 성장시킬 수 있다.

즐거운 마음으로 다양한 문화를 흡수하자 영어 실력도 눈에 띄게 늘어갔다. 마지막 날 파티와 함께 교육청의 모든 사람 앞에서 자신이 속한 문화에 대해 발표하는 시간이 있었다. K의 도움을 받아가며 밤새 발표 자료를 만들었고, 미리 준비해간 선물들을 나누며 스스로 뿌듯할 만큼 멋지게 발표해냈다. 호응 역시 뜨거웠다. 그렇게 세계무대에서의 나의 첫 데뷔를 자랑스럽게 장식하고 높은 등급의 어학 수료증까지 받을 수 있었다. 프로그램이 끝난 후, 헤어지기 아쉬웠던 세계 각국의 친구들과 2주일간 캐나다 각 지역을 여행하기도 했다. 직접 여행일정을 짜고, 차를 빌리고, 게스트하우스를 예약했다. 본격적인 여행을 떠나자 매일 다른 친구들을 사귈 수 있었고 영어로도 싸울 수 있을 만큼 점점 더 능통해졌다.

나는 더 이상 나약한 소녀가 아니었다. 이 넓은 세상에서 한 역할 단단히 하는 쓸모 있는 존재가 되어 있었다. 또한 세상 밖에서 만난 친구들은 내 과거나 집안 배경, 전공, 토익점수나 성적 따위에는 관심이 없었다. 있는 그대로의 나를 바라봐주고 오히려 선입견 없이 내 안의 장점을 바라봐주었다. 할 줄 아는 것 없는 촌아가씨인 줄만 알았는데 생각보다 용감하고 적응도 잘하는 낯선 내가 거기 있었다. 의외로 결정력이 빠르고 추진력이 강한 면도 발견했다.

두 달간의 짧은 경험이었지만 이를 통해 적극적인 성향을 가진 내 안의 거인을 깨웠고, 생각지도 않았던 파일럿, 승무원이라는 꿈을 꾸는 계기가 되었다. 도전을 통한 성취의 희열을 맛보며 세상 속에서 좀 더 괜찮은 나를 만나보고 싶은 욕심도 생겼다. 그렇게 도전이 두렵지 않은 내가 되어 가기 시작했다.

몇십 년이 지난 지금도 그렇게 세상 밖으로 나가고 싶냐 누군가 묻는다면, 물론이다! 언제든 떠날 준비가 되어 있다. 새로운 곳으로의 여행은 언제나 설렌다. 당연한 것들조차 하나하나 배움과 깨달음이 되고, 새로운 나를 발견하는 기쁨이 있다. 이것이 익숙한 곳을 떠나는 여행의 참된 의미다. 막다른 길에 서야만 껍질을 깨고 나올 수 있는 법이니까. 새로운 탁월함을 내 것으로 만들겠다는 말랑말랑한 마음가짐만 있으면 된다. 하지만 그렇지 못해 낯선 어디에 가서도 그 색다름마저 익숙함으로 바꾸는 어리석은 실수를 수없이 해왔다. 인간은 언제나 적응하기 마련이니, 환경은 보조수단일 뿐 마음가짐이 주라는 것을 되새긴다.

그래서 예전처럼 무조건! 지금 당장! 도망치고 싶은 마음으로 떠나지는 않겠다고 다짐해본다. 나가면 좋고 안 나가도 괜찮다. 상황이 여의치 않아 당장 떠날 수 없을지라도 일상을 여행처럼 대해보는 거다. 반복된 하루에서도 특별함을 마주할 수 있음을 장담한다. 평범하다고 생각할 뿐 실제 우리의 일상은 다채롭다. 언제 어디서든 더 나은 나를 만나기 위한 마음을 장착하고 고개를 들어보자. 평범했던 세상이 새롭게 보이게 되는 마법을 경험하기를.

사소한 것들에
자꾸만 휘둘린다면

그날따라 왜 그랬는지, 자주 보지도 못하는 엄마한테 있는 짜증 없는 짜증을 다 내고 비행하던 어느 날이었다. 매 비행마다 브리핑에서 사무장이 지정해주는 각기 다른 듀티를 맡는데 그날은 손이 많이 가는 크루밀 듀티를 맡았다. 승무원 식사 담당이다. 내가 근무했던 항공사는 식사를 중시하는 중국인들의 문화 때문인지 개인당 지급되는 종류가 너무 많아 헷갈릴 정도였다. 9호로 불리는 크루밀을 담당하는 승무원은 보딩 전에 승무원의 명수에 맞게 각각의 메뉴가 실렸는지 확인해야 한다. 보통 쌀밥과 따뜻한 반찬 2~3개와 차가운 반찬 1~2가지, 빠지지 않고 나오는 삶은 달걀과 라장(고추기름) 그리고 과일과 각종 간식들이 실린다. 간식

종류도 워낙 다양해서 과자를 비롯해, 가끔은 식용유가 개인별로 한 병씩 지급되는데 과장을 조금 보태어 작은 기내용 캐리어만 하다.

비상시를 대비하여 각각 다른 것을 드셔야 하는 기장님과 부기장님의 식사를 분리해서 준비해두고, 승객들이 탑승하기 전 개수를 파악하여 조종실부터 차례로 간식을 배부한다. 기내 서비스 절차를 다 끝내고 착륙할 때에는 따뜻하게 먹어야 할 음식들을 오븐에 데워야 한다. 착륙 전 조종실에 식사를 갖다 주고 승객들이 내린 후에는 트레이에 승무원들이 개인별로 식사를 할 수 있도록 세팅을 끝낸다.

모든 것은 마음먹기에 달린 것이라고 하던가. 그날따라 마음이 어수선하니 오븐에서 국물이 있는 생선요리를 꺼내려다 놓쳐버렸다. 다행히 유니폼은 괜찮았지만 뜨거운 국물이 구두 위로 쏟아져 뜨거워서 혼났다. 데인 정도는 아니었지만, 구두 안으로 국물이 조금 새어 들어 냄새까지 심했다.

어차피 밥맛도 없었는데 안 먹기로 결심하고 엄마한테 전화를 드릴까 고민하는 찰나, 그럼 그렇지 다음 비행물품들이 실려 정신없이 체크하며 정리했고, 연이어 사무장의 '샹커!上客'라는 방송과 함께 승객들이 탑승했다. 다시 상해로 돌아오는 비행에서는 비디오까지 고장이 나서 오랜만에 안전데모를 직접 시연하기도 했다. 나름 자신은 있었지만, 뒤쪽에서 선배님의 찌릿찌릿한 눈총을 느끼자 손이 내 맘대로 움직이지를 않아 실수를 연발했다. 안전벨트를 놓치고, 구명조끼를 벗는데 머리카락이 걸려 머리 모양까지 망가지는 바람에 화끈거리는 얼굴로 갤리로 돌아왔다.

'오늘 진짜 왜 이러니? 정신 차리자!'

그 후에도 표정 관리를 못해 사무장님한테 지적을 받았고, 면세품 관련 실수를 하기도 했다. 한숨을 푹 쉬며 이륙을 위해 점싯에 앉아있다 도어 아래쪽에 노란 슬라이드가 장착되어 있는 불룩한 부분에 시선이 머물렀다. 안전교육을 받을 때 파란 스머프 옷을 입고 50여 명의 동기들이 18초 만에 탈출했던 그 슬라이드였다. 협동으로 이뤄낸 성취감과 함께 동기들끼리 나누던 농담이 떠올랐다. 터진 슬라이드를 복구하려면 1억 원 이상이 든다니, 도저히 못 참겠을 때 시원하게 슬라이드 한번 터뜨리자는 말에 피식 웃다가 고개를 들었다.

문득 창밖을 내다보니 비행기는 어느새 이륙하여 하늘을 날고 있었다. 인천공항의 건물들은 손바닥보다 작아지고 있었고 자동차마저 개미처럼 작아 보였다. 당연히 사람들은 눈에 보이지도 않았다. 고도가 높아질수록 땅은 땅일 뿐 어느 것 하나도 보이는 게 없었다. 예전 파일럿을 꿈꿀 때 종이신문에서 접한 여성 파일럿의 이야기가 귓가에 맴돌았다.

"딸아, 만 미터 하늘 위에서 내려다보면 사람들은 티끌만큼 너무나도 작단다. 사소한 것에 집착하지 말거라."

순간 나도 모르게 눈물이 핑 돌았다. 내가 지금 무슨 생각을 하고 있었던 걸까. 하늘 위에서 내려다보면 우리는 모두 쌀알만큼의 크기로도 보이지 않는다. 왜 난 이런 사소한 것들에 휘둘리고 있었을까. 신경질을 부리고 온 엄마께 너무나 죄송한 마음에 다시 한번 울컥했다.

하이힐을 신고 걸어가다가 보도블록 사이에 굽이 끼어 많은 사람 앞에서 넘어져 부끄러워 미치겠고, 어깨로 세게 치고 지나가면서 사과 인사도 안 하는 사람 때문에 화가 났다. 별것도 아닌 말에 기다렸다는 듯이 엄마한테 짜증을 부리고 나와 생선 국물을 뒤집어쓰고 안전데모까지 망친 꼴이라니…. 참 바보 같았다.

지상에 있을 때는 이 모든 게 하나같이 다 큰 문제처럼 느껴진다. 당장 느끼는 사소한 감정들과 생각들이 나를 덮치고, 그 안에서 빠져나올 수 없어 악순환이 이어진다. 하지만 하늘로 올라갈수록 보다 넓은 시야에서 세상을 바라볼 수 있게 된다. 객관적인 시선에서 문제를 파악하고 새로운 깨달음을 얻는다.

태평양 상공 위를 날아갈 때였다. 비행기 창밖으로 바라본 달은 온몸에 소름이 돋을 만큼 아름다웠다. '달이 이렇게 밝고 아름다웠었나?' 하늘 위를 바라보며 멀게만 느껴졌던 달이 품 안으로 가져올 수 있을 만큼 눈앞에 가까이 있었다. 만 미터의 차이로 본 커다란 달은 내게 경이로움 그 자체였다. 아직도 너무나 생생하고 아름다운 기억으로 남아있다. 직접 가보고 싶은 열망에 사로잡혔고, 달의 바다라 불리는 어두운 점까지 명확하게 보였기에 학교에서 달이 등장할 때면 아이들에게 항상 이 이야기를 들려주곤 했다. 하늘에서 보는 일출과 일몰 역시 말로 표현할 수 없을 만큼 아름답다. 밤새 날아가는 비행편을 탑승하면 그 안은 고요한 암흑의 세계 같다. 모든 등은 점멸되고 대부분의 승객은 잠을 청한다. 승무원들도 순서를 정해 돌아가며 쉰다. 모두가 잠든 고요한 아침 새벽에 혼자 조용히 창문의 햇빛가리개를 들어 올리면 엄청난 양의 햇빛이 쏟아져 들어와 유독 눈이 부시다. 거침없이 뻗은 지평선 위로 빨간 해가 올라오는 일출의 광경은 숨이 막히도록 아름답다. 주황빛으로 물든 일몰 장면도 압권이다. 고요한 이 아름다운 세상에 저절로 숙연해진다.

마지막 비행 날, 기장실에서 특별히 나를 불렀다. 파일럿 보조석에 앉아 착륙 장면을 지켜볼 기회를 주신 것이다. 조종실에서 바라본 이 세상은 캐빈에서 작은 창문으로 보던 것과는 차원이 달랐다. 점처럼 작은 불빛은 각각 자기 자리에서 반짝였고 고도를 낮춰 내려갈 때마다 건물과 자동차, 가로등들이 한눈에 보였다. 인천공항의 활주로는 앞으로의 내가 나아갈 길을 안내하는 것처럼 반짝이며 쭉 뻗어있었다.

만 미터 높이의 하늘 위에서 나는 기대하지 못한 대자연을 만날 수 있었다. 하늘에서 바라본 태양과 달은 너무나 컸고, 그곳에서 내려다본 인간은 보이지도 않을 만큼 작았다. 하늘 너머를 가득 채우고 있는 경이로움이 다 괜찮다고 위로해주는 것 같았다. 그 정도는 실수해도 괜찮다고, 사소한 것에 연연할 필요 없다고. 모두 다 괜찮다고. 지금도 지칠 때면 비행기 날개 끝 너머라 생각하고 잠시 하늘을 바라본다.

실패의 쓸모

학창 시절의 친숙한 단어 '오답 노트.' 왜 그 문제를 틀렸는지 정확하게 알고 넘어가기 위해 작성한다. 고등학생 때 좋은 성적을 내는 비법이 오답 노트라 해서 만들어 보았으나, 틀린 문제가 너무 많아서 오리고 붙이다가 시간이 다 갔다. 풀기만 했을 뿐 점검하지 않은 채로 쌓여있는 문제집들은 오히려 불안을 증폭시켰고 결국 수능을 망쳐버렸다.

어려워서 망쳤으면 그런가 보다 넘어갔을지도 모르겠다. 내겐 문제가 읽히지도 않을 만큼 어려웠는데 다들 너무 쉬워서 평균 20~30점씩 올랐단다. 역대급 물수능이었다. 이런 비참함을 느끼려고 그 1년을 보냈나. 재수는 생각도 하기 싫었고 '공부'라는 것에 정이 싹 다 떨어졌다. 인생을 통째로 실패했다는 소심한 마음으로 스무 살을 맞이했고 도망치듯 무기력한 대학 시절을 보냈다.

좋지 않은 추억의 장본인인 오답 노트. 맘에 들지 않지만 오답 노트는 모르는 문제도 그냥 넘기지 말고, 어느 부분을 모르는지, 왜 틀렸는지, 정답은 무엇인지, 거기에서 알아야 할 개념은 무엇인지 스스로 정리하는 습관을 들이는 훌륭한 학습 방법이다. 이러한 사고방식은 모든 학문의 기초가 되며, 삶을 살아가는 방식과도 별다르지 않다. 누구나 마음 안에 실패가 가득한 오답 노트 한 권씩은 품고 산다. 다만, 학과 공부와는 다르게 인생은 정답과 오답이 정해져 있지 않다. 누가 맞고 틀리고를 이야기할 수 있겠나. 당시에는 분명 최선의 선택이었는데, 다시 떠올리면 이불킥만 수없이 하게 된다. 실패는 성공의 어머니라지만 이를 좋아하는 사람은 없을 터, 실수들을 떠올려 기록하고 이야기하는 일은 더더욱 싫다.

하지만 자신이 찍어온 성공과 실패의 '점'들을 돌이켜 보며 '선'으로 잇는 작업은 진정한 나를 발견하기 위해서는 꼭 해야만 하는 일이다. 수많은 방황과 시행착오는 비슷한 고민을 하는 누군가에게는 도움이 된다. 무엇보다 같은 고민을 하며 괴로워하는 자신에게 가장 큰 길잡이가 되어준다. 실패는 항상 보듬지 못한 같은 원인 때문에 또 찾아오니까. 보다 나은 삶, 주체적인 삶을 꾸리기 위해서도 실패가 담긴 오답 노트는 필요하다.

외항사 승무원으로 일하다 초등교사가 되기 위해 교대 입학을 결심했을 때, 사실 회사를 그만두는 것보다 수능 시험을 다시 보는 게 더 무서웠다. 어린 시절의 두려움을 하나하나 마주하는 건 쉽지 않았지만, 아이러니하게도 실패를 실패로 남겨두지 않을 수 있다는 희망에 기쁘기도 했다. 무엇보다 잘못 들어선 길을 계속 가는 것보다 새로운 세상이 주는 기대감이 더 매력적이었다. 그것이 두려움을 이겨내는 큰 원동력이었다.

초등교사라는 새로운 인생을 살겠다고 마음먹으니 시키지 않아도 책상 앞에 앉을 수 있었고, 처음으로 나 자신이 주체가 되어 원하는 공부를 했다. 물론 과목은 정해져 있었지만 10개월 정도의 시간 동안 능동적으로 계획을 세우고 성취하며 보다 효과적인 방식으로 공부해보려 애를 썼다. 분명 똑같이 재미없는 국어, 영어, 수학, 사회 과목인데 나름 답이 없는 세상을 경험하고 와서인지 답이 있는 명확한 시험문제에서 안정감을 느꼈던 것 같기도 하다. 가진 것이 없는데 계속 꺼내 써야 하는 방식이 직장생활이었다면 차분히 앉아 각종 지식을 내 것으로 만드는 과정은 충만함을 느낄 수 있는 소중한 시간이었다. '이래서 이걸 배웠구나. 이래서 이런 것들이 중요하구나'라는 깨달음을 얻으며 배움의 기쁨도 느꼈다.

한 번에 집중하는 시간이 어느 정도인지, 수면시간은 언제 얼마큼이 최선인지, 내게 맞는 학습 분량이나 단권화 방법은 어떤 것이 있는지 찾아보고 적용해보고 시험해봤다. 중요한 순간에 떨리지 않으려면 어떻게 해야 할지, 시험장 가방에는 뭘 챙겨갈지, 쉬는 시간에는 무엇을 보고 있을지, 배가 아프지 않으려면 어떻게 해야 할지를 수시로 고민했다. 정작 고3 때에는 시간을 뺏기는 것 같아 하지 못했던 생각들이었다.

나중에 교육을 전공하며 알게 된 사실이지만 이 고민들이 바로 메타인지를 강화하는 귀한 시간이었다. 뭘 알고 한 건 아니었다. 다만, 마음속 오답 노트에 그 당시 실패의 원인은 바로 이것들이라고 적혀있었을 뿐이다. 나라는 기기를 어떻게 사용해야 하는지를 처음으로 고민하며 설명서를 차분히 읽어보는 시간이었다. 노력 끝에 다행히 인생을 결정짓는 중요한 시험에 대한 불안감을 극복할 수 있었고, 그렇게 싫던 공부에도 흥미가 생겼다.

〈오징어 게임〉의 황동혁 감독은 외국인들이 한국의 콘텐츠가 가진 경쟁력을 물으면 한반도의 지리적 특성상 갇히기보다 늘 해외로 보내는 데 노력하는 나라였다는 이야기를 꼭 한단다. 천연자원이 부족한 작은 반도라는 결핍과 역사적 아픔이 없었더라면 과연 대한민국은 지금의 자랑스러운 성과들을 끌어낼 수 있었을까? 결핍과 실패, 그 어려움 덕분에 새로운 무언가를 모색할 원동력이 된다. 지금도 우리 모두는 수없는 실패를 경험하지만 이 덕분에 각기 다른 존재로 거듭나는 건 아닐까.

약점이라 생각한 것이 결국 다음 단계로 나아가기 위한 기회를 만들어낼 수 있다는 것을 처음 느꼈다. 다시는 떠올리기도 싫었던 실패에 재도전하는 것에 대한 희열을 처음 느낀 이후로 나는 조금씩 달라졌다. 앞으로도 끊임없이 실수하며 계속 좌절하겠지만 이런 자신을 보듬어 주는 마음이 조금씩 생겨나고 있다. 예전에는 상처를 피해 도망치기만 했고, 잘하는 것이나 성공을 발견하는 것만이 진정한 나를 찾는 것이라 생각했다. 그러나 그것에 초점을 맞출수록 더 잘 해낸 사람, 더 많이 해낸 사람들이 눈에 들어왔다. 스펙이나 환경에 대한 비교의식만 심화시켰고, 결국 스스로를 부족하고 하찮은 사람처럼 여기게 되었다.

대학을 두 번이나 간 것, 한 분야에서 진득하니 오래 일하지 못한 것, 인생을 돌아왔다는 것이 내겐 가장 큰 콤플렉스였다. 길지 않은 인생에서 여러 경험을 해본 것에 후회는 없지만, 굳이 드러내고 싶지 않았다. 그런데 나만의 업業을 찾기 위해 겪은 시행착오들이, 하나만 쭉 잘했더라면 경험해보지 못할 새로운 이야기를 만들어 주었다. 나의 부끄러운 오답들이 나만의 개성이 된 것이다.

한 치의 오차도 없이 예쁜 동그라미를 한 번에 그리고 싶었다. 하지만 펜을 놓쳐 의도치 않은 점을 찍는다. 지우개로 지우고 실수하지 않은 척하지만 흔적은 남아있다. 삐쭉 튀어나온 점들은 많아질 뿐이니 종이를 아예 찢어버리고 싶은 심정이다. 대신 다시 연필을 집어 들고 잘못 찍은 점들을 이어 볼 수는 있는 거다.

그렇게 모두가 동그라미를 그릴 때 예상치도 못한 나만의 그림을 그릴 수 있다고 믿는다. 그렇게 상처는 별이 된다.

스스로를 알아감에 있어 장점에 주목해도 왠지 부족하다면 마음속 오답 노트를 펴볼 때다. 실패했다는 건 무언가를 시도했다는 뜻이다. 부딪혀 보는 용기를 가졌던 과거의 나를 칭찬해 줄 필요가 있다. 그렇게 무겁고 어렵게만 받아들이는 실패를 소중한 자산으로 여길 때, 더 나은 미래를 향한 나만의 강력한 디딤판이 된다.

나아가 실패를 겪고 나서도 또 도전하고 싶은 대담함이 생기는 분야는 분명히 있다. 그게 적성이라 불리는 너무나 추상적인 단어를 이해하는 실마리가 아닐까. 그 길을 걸어나가다 보면 모두에게 환영받는 작품은 아닐지라도 꽤 나다운 그림은 그려낼 수 있을 것 같다.

* * *

배움의 즐거움에는
끝이 없다

세상의 흐름이 빨라진 만큼 공부해야 할 새로운 지식이 넘쳐
난다. 그만큼 배울 것도, 습득할 것도 많다는 생각에 설레기도 한
다. 나는 배움을 통해 깨달음을 얻을 때 참 좋다. 그리고 그것을 누
군가에게 나눌 때 행복하다. 나아가 그것이 누군가에게 작은 도
움이 되었을 때 살아있음을 느낀다. 쓸모 있는 존재가 된 것 같다.
그래서 난 공부하는 게 좋다. 공부해서 남 주는 게 가장 보람차다.
지인들은 내가 공부를 한다고 하면 자리에 앉아 수험생활을 하는
것처럼 상상한다. 물론 그만큼 집중하고 무언가를 받아들이려고
하는 것은 사실이다. 하지만 매 순간이 배움이기에 실제로 책상
머리에 앉아있는 시간은 그렇게 길지 않은 것 같다. 사회인의 배

움이란 순간에 충실할 때 찾아오는 깨달음의 선물이니까.

공자는 후생가외後生可畏, "뒤에 태어난 사람들을 두려워할 만하다"고 했다. '후생'은 선생에 대비되는 말로, 뒤에 난 사람을 일컫는다. '선생'은 먼저 난 사람으로 축적된 경험과 지혜로 존경받곤 한다. 그게 우리가 선생님이라 부르는 이유다. 하지만 공자처럼 위대한 스승도 후대에는 자신보다 더 대단한 위인이 나올 것이라 생각했다. 단지 먼저 났다는 이유만으로 뒤에 난 사람들의 발전 가능성을 무시해서는 안 된다는 뜻이다.

그렇다면 '선생'에 걸맞은 사람, 즉 뒤에 태어난 사람을 보듬고 그들이 앞장서도록 뒤에서 응원하는 사람이 되려면 어떻게 해야 할까? 나는 이 또한 '배움'에 그 답이 있다고 생각한다. 가외할 만한 후생을 당당하게 포용하고 인정할 수 있게 평생토록 배움의 분야를 다양화하여 유연함을 습득하고 싶다. 어른답게, 부모로서도 계속 배우며 성장해야만 나는 더 큰 세상을 열어갈 수 있고, 어린아이들은 이를 보고 자신의 세상을 꿈꾸게 될 것이기 때문이다. 진짜 어른다운 어른이 되고 싶다.

처음부터 이런 생각들이 들었던 건 아니다. 그냥 단순히 안정적이고 좀 더 보람찬 삶을 위해 초등교사가 되길 원했다. 그렇게 '교대 입학'이라는 것에 큰 관심을 가졌기에 교대생의 생활이나 커리큘럼에 대해서 제대로 아는 바가 없었다. 사실 그게 뭐든 열심히 버텨내고 초등교사가 되면 되는 거라고 생각했던 것 같다.

하지만 대학에 다니면서 많은 것들을 배우고 경험하며 이 세상에 배울 것이 무궁무진하다는 것을 깨달은 후에야, 선생으로서 세상에 대한 책임감이 생겼다. 지금은 학교를 나와 선생님이라 불리지는 않지만 여전히 선생다운 사람이고 싶다.

교대를 다니는 모든 학생의 전공은 초등교육학이지만 13개 정도의 전공 이름을 딴 과로 나뉜 부전공을 갖는다. 그리고 이에 따라 30여 명씩 한 반처럼 생활했고, 이미 정해진 커리큘럼대로 수업을 받았다. 교육부가 지정한 교육과정을 비롯하여 교육심리학과 교육법, 교육행정, 교수법, 상담심리학 등 수많은 과목을 배운다. 일반적으로 교대의 커리큘럼은 초등학교에서 가르치는 과목 위주로 구성되어 있다. 초등학생을 가르치기 위한 국어, 수학, 사회, 과학, 영어, 미술, 체육, 음악, 도덕, 실과 등의 기본 학문을 배워야 하는 것은 물론 해당 교과목의 교육학적 이론과 실기까지 한다. 이 부분이 일반 대학과 가장 다른 점이다. 1학년 1학기 국어 과목부터 6학년 2학기에 나오는 모든 기본적인 내용을 교수법 위주로 다 다룬다. 바탕에 깔린 기본적인 인문, 고전, 철학을 배우는 것은 물론이고 과학에서는 실험을 직접 준비하고 실험하며 수업을 진행한다.

체육에서는 구기 종목을 비롯하여 허들 넘기, 이어달리기, 높이뛰기 같은 육상종목과 신체표현 활동을 위해 왈츠나 차차차와 같은 모던과 라틴댄스의 스포츠댄스, 발레까지 배운다. 학년에 걸쳐서 피아노, 단소, 리코더, 노래, 서예, 조소와 회화는 물론 뜨개질, 요리, 꽃꽂이, 재봉틀까지 다루기도 한다. 초등학생들이 경험해야 할 것들을 미리 다 익히고 그것을 어떻게 가르쳐야 하는지 교육론과 교수법에 대해서 공부하기에 내가 원했던 다양한 경험을 많이 했다.

아직도 조르주 피에르 쇠라의 유명한 점묘화인 '그랑드 자트섬의 일요일 오후' 작품을 똑같이 그려내고 새로운 창작물을 만들어내느라 찍었던 수많은 점이 떠오른다. 맑은 날을 골라 해시계를 그려내기 위해 매시간 쫓아다닌 기억, 매주 나무와 식물들을 배우고 자연과 함께하는 삶을 꿈꾸며 생각해본 나만의 정원 등이 아직도 생생히 생각난다. 특히 매 학기 교생수업을 나가 학교에서 실제 아이들을 만날 때면 너무나 신나서 수업준비로 매번 밤을 새웠다. 웃음 짓는 아이들이 만들어내는 활기찬 학교 분위기에 아직도 초등학교 교문만 보면 설렌다.

하지만 일반 대학교를 다녔던 나는 3월 첫 주부터 당황을 금치 못했다. 수강정정 기간에는 원래 정정을 용이하게 해야 하는 건데 대부분 짜여나온 정해진 커리큘럼 때문이었는지 결석하는 사람은 나밖에 없었기 때문이다. 예비 교사들이라 그런지 모범생 사이에서 빡빡하게 굴러가는 교대의 삶이 내겐 좀 답답했다. 날라리 장수생의 핑계를 대자면, 연애의 실패와 함께 방황하며 공부는 뒷전으로 미뤘다. 그리고 사랑과 연애, 결혼, 가정을 꾸리는 것까지 온갖 책을 섭렵하고 인생 선배들의 이야기를 들으며 열심히 배웠다.

나는 인생을 살면서 가장 기본적으로 가져야 할 자세이자 핵심요소가 '사랑'이라 생각한다. 저절로 알 법도 하지만 성숙한 버전의 사랑은 공부해야 한다. 사랑은 이 세상의 전부이고, 태어난 이유이며, 살아가는 데 가장 중요한 것이기 때문이다. 사람을 사람답게 하는 속성이기도 하다. 하지만 사람들은 이에 대해 배우는 것을 무시하고 꺼려 한다. 배운다는 것은 이미 내가 부족한 것을 인정하고 시작하는 것이라 그런 걸까? 저절로 잘하게 되는 것은 아무것도 없다.

교대 재학시절 가장 기억에 남는 배움을 꼽자면 아르바이트다. 친구들이 한창 취업해 돈을 벌 나이에 다시 얻은 학생이라는 신분이 자유로워서 참 좋았지만, 곧 경제적인 부담이 생겼다. 학비는 물론 승무원을 하며 높아진 눈높이와 씀씀이는 내려올 줄 몰랐다. 결국 닥치는 대로 돈을 벌었다. 나름 하늘을 날았던 승무원이었지만, 정작 아르바이트 업계에서 난 할 줄 아는 게 없는 백수일 뿐이었다. 다단계 화장품 사업자로 일해보기도 하고, 인터넷 쇼핑몰 피팅모델로도 일했다. 슈퍼에서 행사도우미로 일하려고 찾아갔다가 고학력이라 퇴짜 맞고, 그나마 다음 단계라고 하는 놀이공원의 산타 도우미로 일하기도 했다. 나중에는 그게 경력이 쌓여 유명 인사들의 행사에서 의전으로, 행사 MC나 캠페인 방송

등의 방송 의전 일들도 했다. 수능 입시생 영어 과외와 경찰공무원 대비 영어 과외, 초등학생 전 과목 과외, 초등학생 영어 과외 등 주 7일 과외만 하는 삶을 살기도 했다. 자발적으로 학생이 된 것이니 감내했지만 자존심이 상한 적도 셀 수 없이 많았다. 한 번 사는 인생 다양하게 살아가며 다 배워보자는 생각에 버틸 수 있었던 것 같다. 그렇게 나는 사회인이 되었다가 다시 학생의 본분을 가진 반사회인으로 20대를 보냈다.

'고통은 사람으로 하여금 생각하게 만들고, 생각은 사람을 지혜롭게 만든다. 그리고 지혜가 생기면 인생은 견딜 만하다'는 말이 있다. 돌이켜보면 이 시기에 다양한 분야의 학문을 접하며 단편적인 경제적 활동, 연애와 결혼을 하면서 조금은 철이 든 것 같다. 그리고 새로운 분야를 계속해서 공부하다 보니 더 알아가고 싶어졌다. 알게 된 만큼 보이니 앞으로도 계속 배워서 더욱 성장하고 싶은 마음이 생겼다. 이래서 젊어서 고생은 사서도 한다는 고리타분한 말이 있나 보다.

배움의 분야는 학문에 국한되어서는 안 된다는 것을 느낀다. 인생은 배움터다. 평생 '학생'과 같은 마음으로 살아가며 자신을 들여다봐야 한다. 창의성과 문제해결 능력은 후천적으로 형성된다고 한다. 도전과 성공을 반복적으로 경험하는 학습 방법을 통해 얼마든지 향상시킬 수 있다고 믿는다.

교대를 준비하며 재수학원에서 귀가한 어느 봄날, 평소에는 보지도 않던 텔레비전을 켰다가 국가대표 스포츠 선수들이 중대한 시합 날을 앞두고 이미지트레이닝 훈련을 하는 장면을 보았다. 나도 이를 적용하여 시험 당일에 잘 이겨냈던 경험이 있다. 그것을 바탕으로 양자물리학, 우주천문학, 성공학, 영성학, 운명학, 명리학, 뇌과학, 잠재의식 분야까지 돌고 돌다 이제는 인문고전과 신학을 위주로 파고드는 중이다. 문학창작에 대해서도 혼자 살펴보고 있다. 여러 종류의 신문과 뉴스레터들도 구독하고 있다. 이 시대가 주목하는 AI 등의 과학기술이나 MZ세대에 관한 글들도 눈이 간다. 재테크를 비롯해 은퇴와 관련한 뉴스도 쏟아진다.

유행에 끌려갈 필요는 없다고 생각한다. 시대 흐름을 선두하겠다고 굳이 남들과 다르게 나설 필요도 없다. 하지만 같은 시대를 살아가는 사람으로 트렌드와 무관한 사람은 없을 것이다. 세상 흐름을 알지 못하는 열심은 자기만족에 불과하다. 이 세상에서 나의 길을 찾고자 하다면 도 닦듯 단절되어 살아가기보다는 단편적인 현상들 이면의 본질을 볼 수 있는 힘을 기르는 것이 훨씬 중요하다. 내가 걸어갈 길을 스스로 선택하기 위해서는 그만큼 관심의 저변을 넓혀 배워야만 한다.

누군가는 학위도 없는 공부가 뭐에 쓸모 있냐 반문할지도 모르겠다. 학벌에 욕심이 없다고 딱 잘라 말할 수는 없다. 하지만 아직까지는 모든 게 궁금해서 좀 더 단순히 알고 싶은 정도였고, 수많은 책과 논문 정도만으로도 지적 욕구가 충족되었다. 이렇게 살펴나가다 보면 더 깊게 배우고 전문적으로 연구하고 싶은 분야가 나올지도 모르겠다. 나이는 정말 숫자에 불과하니까. 진심으로 파고들고 싶은 분야는 호호할머니가 되어서라도 공부할 수 있을 거라 생각한다.

　꿈을 추구하는 것과 자기계발은 서로 얽혀있다. 아는 만큼 보이기에 꿈도 더욱 커지고 자신에게 맞게 고도화될 것이기 때문이다. 배움은 습관을 만들고 습관은 곧 인생을 좌지우지한다. 그러기에 다양한 것에 대한 배움의 자세는 실패를 실패로 두지 않고, 자기 실체를 깨닫고 이유를 반성하는 기회가 된다. 앞으로도 나는 배움의 분야를 다양화하며 날마다 성장하는 선생의 삶을 살아가고 싶다. 그리고 그 성장이 성숙한 삶에 닿기를 추구해본다.

직업이나 목표는
꿈이 될 수 없는 이유

"전 이 세상의 국제 정치에 평화를 가져다주는 사람이 되고 싶어요. 아직 구체적으로는 잘 모르겠지만 그래서 UN과 같은 국제기구에 지원해보려고 생각 중입니다."

열여덟 살 소녀의 당찬 발표를 듣고, 나는 머리를 한 대 맞은 것처럼 멍하니 서 있었다. 그날은 민족사관고등학교에 간 5명의 선배들이 '과학영재캠프' 프로그램으로 초등학교 후배들을 가르치러 왔었다. 찌는 더위로 방학을 맞은 텅 빈 학교에 혼자 출근해야 했기에 온갖 불만을 토로하던 차였다. 직업이 아닌 소명을 찾은 소녀가 진심으로 부럽고 대단해 보였다.

나는 서른 살이 넘도록 이 세상과 인류를 위한 일이라고는 생각해본 적이 없었고, 그녀처럼 열여덟 살일 때는 '어떻게 하면 독서실에서 몰래 빠져나와 놀러 갈까'라는 고민뿐이었다. 더 어렸을 때는 아마 한두 번쯤 생각만 해보았을 수도 있다. 하지만 금세 '내 주제에 무슨 세상에 영향을 끼칠 수 있겠나'라며 스스로 한계 짓고 접어버렸던 것 같다. 부자를 잘사는 사람이라 단정 지어 부를 수 없는 것처럼 학업성적이 뛰어난 학생만 가능성이 있다고 볼 수 없다. 그들의 성실과 노력이라는 가치는 높이 평가받아야 마땅하지만, 상대적으로 그것이 너무 강조되어 99%의 다른 이들을 함부로 대해서는 안 된다.

학창시절의 나는 성적이 미래의 행복을 보장한다는 생각에 갇혀 있었다. 1등의 가능성이 있는 누군가는 이를 탈환하기 위해 열심히 할지도 모르겠다. 하지만 열심히 해도 그쪽 세계는 영 멀어만 보였기에 나는 큰사람이 되기엔 글렀다는 생각만 들었다. 자신의 미래를 어떻게 꿈꾸는 건지 배운 적이 없었다. 대학 입학 외의 다른 길은 알지 못했다. 학교나 학원에서는 시험에 나오는 지식, 어떻게 하면 문제를 잘 풀 수 있는지를 알려주기만 했다. 승무원을 하면 꽉 막힌 이 답답한 세상에서 벗어날 수 있는 줄 알았는데 생각과 달랐다. 승무원이 아니라면 결국 또 공부일 수밖에 없는 건가. 고민을 거듭하고 항공사에 사표를 낸 후, 다시 이 길로 돌아섰다. 그런데 임용고사 합격을 확인한 순간 전혀 행복하지 않았다.

대학 생활 동안 수십 개의 아르바이트로 연명을 하고, 죽도록 임용고시를 공부해서 돌고 돌아 드디어 원하던 초등교사가 되었는데 행복하지 않다니. 정말 기가 막힐 노릇이었다. 최종발표가 나올 당시 13평에서 15평 관사로 이사를 했는데 4층 관사 베란다에서 남편이랑 싸우다 말고 뛰어내리네 마네 하며 소리치고 울고 있었다. 다음 날 교대 졸업식에도 이런 마음을 들킬까 두려워서 '학사로만 두 번째 졸업식이고 이사로 몸살이 났다'는 핑계를 대며 가지도 않았다.

직업이 내 삶의 전부인 줄 알고 그것만 하면 끝인 줄 알았는데 내 삶이 1도 달라지지 않는다는 것이 너무나 허무했다. 지금 생각해보면 '임고 대박'이라고 외쳤던 건 꿈이 아니라 목표였다. 직업은 꿈이 아니다. 목표 역시 당연히 꿈이 아니다. 이 사실을 어렴풋이 깨닫고 나서야 내가 왜 승무원을 관두고자 했었는지, 돌고 돌아 힘들게 얻어낸 초등교사라는 직업을 가진 순간에도 행복하지 않았었는지, 그리고 한여름 열여덟 살 소녀의 이야기를 듣고 왜 멍하게 서 있었는지 그제야 깨달았다.

예전과는 달리 진로교육이 활성화되었지만 여전히 직업에 국한되어 있다. 그래서인지 자연스럽게 직업을 꿈으로 부른다. 다양한 심리검사나 지능검사로 나의 재능을 파악하지만 내게 맞는 직업을 알아보는 것으로 결론 맺는다. 그중에서도 성적에 따라 그 분야를 제한받는다. 우리가 흔히 부르는 꿈은 직업의 명칭, 즉 명사로 이루어져 있다. 하지만 그것만으로는 수없이 닥칠 직업 세상의 어려움을 버텨낼 수 없다. 그래서 이지성 작가는 그의 저서에서 형용사와 결합된 명사와 같은 꼴의 꿈을 꾸라고 했나 보다. '도움을 주는 의사', '힘없는 사람들을 돕는 변호사'와 같은 예를 들어 줬었다. 하지만 직업이라는 명사를 꾸며주는 말은 '앞'에도 그리고 '뒤'에도 들어가야 한다. 20대 초반 나의 목표와 꿈은 '승무원이 되는 것'이었다. '비행 가는 바다마다 스킨스쿠버를 하는' 혹은 '각 도시마다 나만의 장소를 만드는' 승무원으로 '살아가는 것'과 같은 앞과 뒤를 꾸며줄 말은 깊게 생각하지 못하고, 승무원이라는 타이틀을 갖는 것에만 급급했던 것 같다.

안타깝게도 여기에 또 다른 문제가 있다. 직업이라는 명사가 먼저 존재하고 나면, 형용사는 꾸며주는 말이 될 뿐 힘을 잃는다. 아무리 그쪽에 방점을 두려 해도 '우선 되고 나서 생각하지 뭐' 이렇게 되어버리는 게 현실이더라. 내가 그랬다. 교대 재학 중에 매학기 나간 교생실습에서 아이들을 가르치고 배우면서 행복했지만, 단순히 좋은 선생님이 되고 싶었을 뿐 그 이상 구체적으로 '어떠한' 좋은 선생님이 될 것인지에 대한 생각을 하지 못했다. 너무도 급하고 절실했기에 우선 '선생님'이 되어야 했다. 그다음은 우선 되고 나서 '나중에 어떻게든 되겠지'라는 생각으로 방치했다. 대부분의 학생도 나처럼 눈앞에 닥친 시험을 통과하는 데만 급급해서 선생님이 되고 난 이후의 삶을 진심으로 생각해보지 않았다. 학교 수업 중에 '나는 어떤 사람이 될 것인가?'에 대한 교양과목이 한 개쯤 있다면 큰 도움이 되지 않았을까. 어느 분야든 자신이 꿈꾸는 세계에서의 모습을 구체적으로 상상하는 일은 인생을 참되게 살아가는 데 있어 가장 필요한 작업이다.

그래서 나는 형용사를 먼저 생각하라고 이야기한다. 명사를 아예 떼어버려도 된다고 생각한다. 왜 세상은 두루뭉술한 꿈을 내버려 두지 않을까. 꿈은 형용사로만 표현되어도 된다. 당장 명확히 말로 표현되지 않아도 된다. 내가 꿈꾸는 미래에 대한 수식어를 떠올려보는 게 시작이다. 또 직업 이후의 삶도 생각해봐야 한다. 예전부터 생생히 상상하는 것은 해왔기에 쉽게 승무원이라는 꿈을 이룰 수 있었으나, 그 후 어떤 모습으로 살아가는지에 대해서는 구체적으로 상상하지 못했다. 간절히 원했기에 단점은 눈에 들어오지도 않았다. 되기만 하면 다 버텨낼 수 있을 줄 알았다. 그 직업을 가졌을 때 수반되는 퇴근 후의 라이프 스타일에 대해서도 자세히 알아봐야 한다.

새로운 꿈을 가지고 나서도 마찬가지였다. 10개월간의 수능 공부를 하며 내가 매일같이 꿈꾼 것은 '교대 합격'이었고, 교대에 와서 4년 동안 생각한 것은 오로지 '임용고시 합격'이었다. 이는 교대생에게 당연하고도 중대한 관문이었기에 매일같이 도서관에서 공부하는 어느 누구도 자신이 떨어질 것이라는 생각은 하지 않는다. 나 역시 합격을 하지 않으면 그다음 어떻게 살아갈지 생각해본 적도 없었을뿐더러 비행할 때부터 나는 이미 선생님이었다. 사실 안 되면 어떡하지 하는 생각은 무서워서 입 밖으로 꺼내지도 못했다. 다른 생각을 할 여유가 없었다.

수능보다 공부할 양이 100배, 1000배 이상 많게 느껴지는 방대한 양의 공부를 1년에 몰아 농축하듯 공부했고, 1차 교육학과 교육과정 객관식 시험부터 2차 교직논술과 교육과정 서술식 시험, 3일 동안 진행되는 교직 적성 및 심층 면접, 수업 실연, 영어면접과 영어수업 실연의 3차 시험까지 치러냈다. 당시 합격자는 1차부터 3차까지 모든 점수가 합산되어 등수가 나왔고, 그해 뽑는 인원수에 따라 커트라인이 결정되었다. 나는 1차, 2차 점수를 높게 받은 편이었기에 이미 합격을 어느 정도 예상하고 있었다. 그래서 최종결과를 확인할 때 너무나 덤덤했다. 그동안 해온 피나는 노력에 대한 당연한 결과로만 여겼다. 가족들의 배려를 비롯한 수많은 상황에 감사하기는커녕 현재 내가 가지지 않은 것만 보였다. 그러니 행복하지 않을 수밖에.

정작 중요한 생각을 깊게 하지 못했기에 합격 후, 이제 나는 어떻게 살아야 할지 막막했다. 오히려 걱정이 앞섰다. 혹자는 이제 합격했으니 발령받아서 아이들 가르치면서 평생토록 안정적으로 살면 좋겠다고 했다. 물론 나도 그러려고 초등교사가 되었으니 한편으로는 '이제 됐다' 싶었다. 하지만 나는 태어나 달리기만 해온 경주마처럼 아직도 어디론가 달려나가야 할 것 같았으나 어디로 달려야 할지 몰랐다.

　다행히 그 당찬 소녀의 이야기 덕분에 생각이란 걸 시작했다. 어떤 선생님이 되어야 할지 말이다. 미래 속의 나를 상상해봤다. 난 어떤 선생님이 될 수 있을까. 그러려면 어떻게 해야 할까. 얼마 지나지 않아 방학이 끝났고, 초롱초롱한 눈망울을 가진 어린 학생들을 만나 수업을 하면서 그제야 교생실습 때 느꼈던 행복했던 감정이 되살아났다. 학교 오는 게 즐거운 아이들, 나와 함께 평생 갈 재밌는 추억을 만들어가는 상상을 했다. 꿈을 찾아주는 선생님, 아이들을 재미있고 행복하게 해주는 선생님, 공부가 재밌다고 느끼게 해주는 선생님, 자신이 특별한 존재라고 느낄 수 있게 하는 선생님, 단 한 명에게라도 가장 좋은 기억으로 남는 특별한 선생님이 되고 싶어졌다. 그리고 그 상상을 이뤄내는 감사한 교사 생활을 했다. 지금은 선생님이라는 직업 명사는 사라졌지만, 형용사는 아직도 내 마음에 유효하다. 꿈은 직업에 얽매이지 않는다.

자신의 한계를
안다는 것

"오늘 하루도 욕심내지 말고 딱 너의 숨만큼만 있다 오너라."

아이들에게 『엄마는 해녀입니다』라는 동화를 읽어주다 롤모델이 하나 더 추가되었다. 바로 제주도와 우도에서 살아가는 4천여 명의 해녀들이다. 알아가면 갈수록 그녀들에 대한 존경심이 우러러 나온다. 해녀들이 처음 물질을 배울 때 가장 먼저 배우는 건 뭘까? '물고기를 잡아주기보다 물고기 잡는 법을 가르쳐라'라는 탈무드의 격언이 생각나서, 더 많은 해산물을 잡을 수 있는 숨오래 참기나 전복 찾는 법일 거라 생각했다. 하지만 우리네 해녀들은 유대인보다 더 대단한 스승이었다. 어린 해녀들이 처음 배우는 것은 바로 욕심을 조절하는 법과 바다를 존중하는 법이다.

70여 년간 물질을 해온 아흔 가까운 나이의 베테랑 해녀들도 잊지 않는 것은 자기 '숨의 길이'다. 숨을 얼마나 참을 수 있는지 즉, 자신의 한계가 어디까지인지 알아야 거친 바다에서 살아 돌아올 수 있기 때문이다. 그렇게 해녀들의 바다는 숨의 길이에 따라 상 $_\perp$ 군, 중 $_\oplus$ 군, 하 $_\top$ 군으로 나뉜다. 누가 정하는 게 아니라 해녀들이 어릴 때부터 수영을 하면서 스스로 자신에게 맞는 바다를 찾아간다. 바다의 계급은 타협을 하거나 속임수를 써서 바꿀 수가 없기에 불평불만하지도 않는다. 자기 것이 아닌 것은 탐내지 않는다. 각자 타고난 자기 숨을 찾고, 자기가 갈 수 있는 만큼만 간다. 내 숨의 길이를 안다는 말은 자신의 한계를 아는 것이다. 한계를 짓는다는 것이 수동적이고 체념적으로 들릴지도 모르겠다. 하지만 이는 타인과의 비교나 극복해야 할 대상이 아니라 스스로가 어떤 사람인지 아는 것이다. 나만의 최선을 찾아갈 때, 무작정 자신을 내달리게 하여 파괴적인 방향으로 끌고 가는 것을 막을 수 있다. 모든 해녀는 숨의 한계를 알고 있기에 마지막에 이르기 전에 물 밖으로 나온다. 하지만 그 한계를 잊게 하는 것이 욕심이라고 한다. 조금만 더 숨을 참으면 더 많이 따낼 수 있다는 욕심은 물속에서 숨을 먹게 한다. 그래서 해녀들은 잘라내지 못한 욕망의 숨을 '물숨'이라 부른다.

모든 것이 다 가능하다 느끼고 나를 한계로 밀어붙였던 적이 있다. 안타깝게도 무작정 잠을 줄이며 밤을 새우고, 더 많은 수익을 창출하기 위해 사람을 소중히 대하지 못한 적도 있었다. 더 빨리, 더 많이 커리어를 쌓아가고 싶은 마음에 급급해 소중한 것을 보지 못하기도 했다. 목표를 달성한 순간은 축배를 들 때가 아니라 새로운 목표를 설정해야 할 때라는 피터 드러커의 말만 알았지 멈추는 법을 몰랐다. 내 숨의 한계를 알아가려 노력한 것이 아니라 타인의 긴 숨 길이만 부러워하며 먼바다로 나가고만 싶어 했다. 해녀였다면 물숨을 몇 번이고 먹었겠지만, 감사하게도 아직 숨 쉴 수 있기에 진짜 나의 숨을 알아가는 중이다. 수많은 경험과 실패를 하는 이유는 결국 나라는 그릇을 알기 위함일지도 모른다. 현재 내 그릇의 크기에 맞는 최선은 해녀들처럼 무리하지 않는 선에서 노력을 다할 때 찾아온다.

해녀들은 바다를 바다 밭이라 부르며 아기 전복이나 아기 소라는 절대로 잡지 않는다. 더 많이 가져오려고 첨단 장비를 사용하지도 않는다. 바다 밭을 아름답게 가꾸는 그녀들은 여유 있게 숨을 남겨두어야 오래 자맥질할 수 있음을 안다. 그 꽃밭에서 자기 숨만큼 머물면서 바다가 내어주는 만큼만 가져오자는 약속을 지킨다. 사회변화로 인해 사라질 위기에 처했지만, 여전히 인간이 가진 숭고한 가치를 지켜나가는 특별한 직업의 그녀들, 해녀들은 나의 롤모델이자 멋진 스승님이다.

* * *

내가 무엇을 좋아하는지
알아가는 일

....

"취미가 뭔가요?

"시간이 날 때면 주로 무엇을 하며 시간을 보내시나요?"

무엇을 좋아하냐고들 물어보면 주로 '유튜브 보기, 인터넷 서핑, 음악 감상, 넷플릭스 보기' 등을 이야기한다. 가끔 이외의 다른 답변들을 이야기해주기도 하지만 남녀노소를 막론하고 거의 비슷하다. 분명 저마다 애정을 갖는 활동들이 있겠지만, 미리 생각해두지 않으면 당장 떠오르지 않는 법이다. 이번 기회에 나도 제대로 고민 좀 해봐야겠다.

취미의 사전적 정의는 '전문적으로 하는 것이 아니라 즐기기 위해 하는 일'이다. 그동안 나는 '책 읽기, 글쓰기, 끄적거리기'라고 답하곤 했다. 분명 좋아하는 일인데 그걸 하기가 너무나 힘들 때도 많다. 생각해보면 항상 좋아하지도 않는다. 매번 적을 때마다 고민이 가득했던 취미 및 특기 칸을 이제야 채웠다는 안도감은 잠시, 이걸 과연 취미로 이야기해도 되는 걸까?

너무나 흔해 빠진 좋아하는 게 뭐냐는 질문. 여덟 살 난 아들내미는 분명 군인이라 답해왔는데 학교에서 소방훈련을 하고 오더니 오늘은 구급요원이란다. 좋아하는 음식은 순댓국이랑 뼈해장국이라더니 이제는 라면이 가장 좋다고. 나도 너처럼 쉬웠으면 좋겠다. 몇십 년은 더 살았는데 왜 이리 어려운지 답답하다. 그런데 솔직히 이렇게 맨날 바뀌어도 되는 거 아닌가. 아마도 어른이 되어 던지는 질문은 상대방을 알아가고 가까워지기 위한 마음이 깔려있기 때문에 섣불리 대답하기 어려운 것일지도 모르겠다. 질문은 가벼울지라도 답변은 나를 대변할 만큼 묵직하다. 무언가를 딱 하나 정한다는 건 결국 내 인생을 살펴보았을 때만 가능한 일이다. 수많은 시간을 거슬러 올라가 관련된 경험을 샅샅이 훑어봐야 한다. 그중에서 적당히 좋았던 것들을 추려내고, 그 안에서도 가장 맘에 들었던 나의 최애를 뽑아야만 대답할 수 있다. 아무리 '그냥' 좋더라도 다른 것이 아닌 그것을 선택한 이유가 존재할 터, 결국 내 가치관을 드러내는 핵심을 만나게 된다. 그야말로 불필요한 것들을 다 쳐내는 궁극의 미니멀리즘이다. 간소한 삶보다도 최애를 꼽을 수 있는 그 용기 때문에 난 미니멀리스트들이 멋

있다. 나를 규정할 만한 일, 나를 대신 드러내는 건 과연 무엇일까.

이런 생각들로 머릿속이 복잡한 게 아니라, 생각하는 게 귀찮아서 좋아하는 음식을 대답하기 어려웠던 시절이 있었다. 소개팅에 나가면 그렇게들 '오늘 뭐 먹을 거냐, 어떤 음식을 좋아하냐'고 물어봤다. 누군가는 먹는 행위가 그다지 재밌지 않고 힘들어서 어려울 수도 있다지만 나는 완전 반대다. 세상에 맛있는 건 너무 많고 웬만한 건 다 좋아서 하나만 고르는 게 정말 어려웠다. 각기 다른 맛이 있는데 어떻게 하나만 고른담. 거기다 첫 만남에서 무엇을 좋아한다 말해야 무난할지 곤란했다. 지금처럼 '고구마줄기나물'이라고 얘기할 수도 없는 노릇이니 말이다. 옷의 T.P.O처럼 음식도, 취미도 개인용, 대외용 등의 다양한 선택지가 존재하는 건 아닐까.

시간이 날 때 내가 뭘 하나 보니 인터넷 서핑을 할 때가 많았다. 이동 중에 잠깐, 식사를 주문하고 기다리는 잠깐, 하루에는 생각보다 많은 자투리 시간이 존재했다. 합치면 꽤 많은 시간이지만 집중을 하기엔 짧은 시간이라는 핑계로 끊임없이 페이지를 끌어당기고 있었다. 정보 습득은 물론 즉각적인 재미도 있었지만, 시간을 투자한 만큼 기쁨이 돌아오는 게 아니니 내 취미라 말하기는 싫다. 내가 진짜 좋아한다는 것은 장기적인 관점에서도 만족감을 주는 것일 테니까. 그럼 덜 집중하면서도 뭔가 한다는 느낌을 받는 일은 뭐가 있었나. 그러고 보니 요새 매일같이 외국어 공부를 한다. 계획에도 없었을 뿐만 아니라 지금 당장 필요한 것도 아니라서 솔직히 이렇게 오래 열심히 할 줄 몰랐다. 목적 없는 인터넷 서핑이 싫어 그냥 짬짬이 어플에 들어가 버튼 몇 개를 눌렀을 뿐인데 그 2~3분이 쌓여 알아가는 단어가 생기니 뿌듯했다. 성장의 재미 때문인지 다른 외국어에도 도전해볼까 싶을 만큼 흥미가 생겼다. 성취감은 물론 자아효능감을 키워주고 있으니 외국어 공부도 내겐 꽤 괜찮은 취미일지도 모르겠다.

이것보다 더 많은 시간을 투자하면서도 '아름다운 대상을 감상하고 이해하는 힘'이라는 취미의 두 번째 정의에 딱 맞는 게 마침 있다. 조성진 피아니스트의 연주 감상이다. 꽤 오랜 시간 동안 수백 번, 수천 번 반복 재생했는데도 들을 때마다 항상 소름이 돋을 만큼 경이롭고 아름답다. 특히 좋아하는 건 라흐마니노프 피아노 협주곡 3번과 2번인데 곡 자체도 아름다울 뿐 아니라 오케스트라의 여러 악기가 어우러지며 만들어내는 조화가 너무나 감동적이다. 자신만의 감정을 담아 전하는 피아니스트의 정성스러운 손놀림과 곡에 몰입해서 나오는 표정과 동작들을 볼 때면 나도 열심히 살아야겠다는 생각이 든다. 남편은 인터넷, 특히 유튜브의 최대 수혜는 골프레슨이라던데 나는 감히 조성진의 연주를 방구석에서 보고 들을 수 있음을 꼽아본다. 매일 들을 때마다 세상의 아름다움을 느끼며 열정을 깨우니 이만하면 꽤 애정이 가득한 취미겠다. 스트레스 관리는 물론 에너지 충전까지 되니 내 취미는 피아노 협주곡을 감상하는 일이다.

　그럼 좋아해서 평생토록 계속하고 싶은 건 뭘까. 시간을 아끼고 아껴 모아서 하는 소중한 취미는 뭐지? 무언가 자리를 잡고 앉아 통 시간을 들여 오랜 시간 동안 해오는 활동을 취미라 이야기한다면 그래, 글쓰기라 할 수밖에 없다. 다른 건 다 포기해도 절대 포기할 수 없는 한 가지를 고르라면? 똑같다. 그래서 내가 그동안 글쓰기를 골랐나 보다. 하지만 말하면서도 주춤했던 건 좋아하는 것에서 그치지 않고 결과물이 기대되는 활동이어서다. 그냥 '끄적이기'라고 하는 게 좋으려나. 재미보다 잘하고 싶고, 완성했을 때의 보람찬 뿌듯함이 있어 평생토록 가져가고 싶다. 이런 의미일 때 취미가 직업이 되나 보다. 하지만 아무리 좋아도 일이 되면 하기 싫을 때도 해야 한다. 또 잘하려면 못함을 마주해야 하니 마냥 좋을 수만은 없는 게 사실이다. 글쓰기는 그냥 취미보다는 직업의 범주로 남겨둬야 할까 보다.

　단순한 재미의 측면에 치중한다면 책 읽기나 영화 및 드라마 감상을 빼놓을 수 없다. 또 내게 활력과 에너지를 주는 소중한 취미로는 산책이나 달리기가 있다. 가만히 내버려 두면 퍼질러만 있을 게 뻔한 내겐 심신의 건강을 위해서도 운동이 필수다. 이렇게 보니 생각보다 나도 취미가 많다. 그럴듯하게 나를 포장할 만한 건 없지만 진짜 내가 좋아하는 것들이 맞다. 마땅히 답변할 게 없어서 고민을 했더니 웬걸 너무 많아서 탈이다. 좋아하는 것들이 하루의 곳곳에 숨어있으니 덕분에 하루가 행복해져서 감사하긴 한데 이렇게 중구난방으로 너무 많으면, 나를 표현하기 힘들단 말이다. 무라카미 하루키의 글에서는 그의 문체가 느껴지고, 팀 버튼 영화는 어떤 식으로든 팀 버튼이 만든 티가 난다. 난 오늘도 한마디로 정의할 수 없으니 명쾌해지기엔 아직도 멀었다. 오랜 시간 동안 애정 어린 취향들이 쌓이면 언젠가 나도 나만의 스타일이라는 게 생길까?

예전에 어느 TV 프로그램에서 나처럼 맛있는 게 너무 많아 최애 음식을 꼽기 힘든 사람은 '오늘은, 지금은, 뭘 먹고 싶냐'로 물어보면 좀 더 쉽다고 했다. 그래, 나도 날 모르고 장담할 수 없기에 지금은 이 정도밖에 답할 수 없다. 하지만 나의 선호가 어떻게 바뀌어 가는지 그 취향을 기록할 수는 있다. 그러다 보면 언젠가 어떤 부분이 더 선명하고 짙어지는 날이 오겠지? 나도 내가 표현하고 싶은 메시지를 나만의 방식으로 실현시키는 날이 올 거라 믿는다. 그런 사람이 되고 싶다. 그땐 누군가 내게 무얼 좋아하냐고, 취미는 뭐냐고 물어볼 때 자신 있게 답해야지. 당당하게 나의 취향을 이야기할 수 있는 단단함을 가지고 말 테다.

2장

누구나
인생에서

해답을
찾으려
애쓰는
것들

답은
내가 가장 잘 알고 있다

가슴 뛰는 삶을 동경해왔다. 무미건조하게 살고 싶지 않았다. 평생토록 내 인생을 다 바칠 만한 무언가를 찾고 싶었다. 그걸 발견만 하면 나도 단번에 괄목할 만한 성과를 낼 수 있을 거라 믿었다. 드롭박스를 설립한 드류 하우스턴은 한 대학 졸업식에서 그 무언가를 테니스공에 비유했다.

"제가 아는 사람 중에서 가장 행복하고 가장 성공한 사람들은 자기가 하는 일을 좋아하는 것을 넘어서 단순히 일에 '집착'하고 있었어요. 그리고 단순히 일에 집착하는 게 아니라 그들 스스로 중요하게 여기는 문제를 푸는 것에 집착하고 있었어요. 어릴 적에 개를 키웠어요. 개들은 사람이 공을 던지기 전에 공을 잡고 팔을 들어 올리는 순간부터 눈이 뒤집히고, 공을 던지는 순간 목줄에서 철컹 소리가 나며 개는 전력 질주를 하고 있죠. 앞에 뭐가 놓여있든지 간에요. 그 사람들에게 느껴지는 것이 그러했어요. 가장 열심히 일하는 사람들이 일을 열심히 하는 이유는 자기통제능력이 뛰어나서가 아니었습니다. 흥미로운 문제를 풀거나 풀려고 노력하는 것 '자체'가 재밌기 때문이었죠. 오늘부터는 단순히 자신을 밀어붙이기만 하지 마세요. 자기 자신만의 테니스공을 찾아보시기 바랍니다. 자신을 끌어당기는 무언가를 말이죠. 시간은 좀 걸릴 수도 있어요. 하지만 그것을 찾는 날까지 멈추지 마세요. 그리고 항상 마음속 목소리에 귀를 기울이시길 바랍니다."

드류 하우스턴은 드롭박스 설립 전에도 이미 입시 준비 사업에서 만족스러운 결과를 내며 누구나 부러워하는 삶을 살고 있었다. 하지만 그 분야의 최고가 된다는 것은 그에게 아무런 의미로 다가오지 않았다. 그만의 '테니스공'이 아니었던 것이다. 드롭박스, 포커봇의 아이디어가 자신의 내면이 무엇을 해야 하는지 알려준 것임에도 방해요소라고 생각했다. 돌이켜보면 최고의 승무원이나 최고의 초등교사가 되는 것이 내겐 큰 의미로 다가오지 않았던 것 같다. 최고가 된다는 것이 목표가 될 수 있는 분야가 아니기도 하지만, 조직 내에서 승진하는 것이 나만의 테니스공이 아니었던 거다. 더 높은 자리를 위해서는 내달릴 수 없었다. 앞뒤 장애물이 있을 때마다 막혔다.

'테니스공'으로 표현되는 가슴 뛰는 꿈은 어찌 보면 칙센트 미하이 박사의 '몰입flow'이라는 개념과 유사하다. 삶이 고조되는 순간에 물 흐르듯 행동이 자연스럽게 이루어지는 무엇 말이다. 자신이 몰입할 수 있는 무언가를 찾을 수만 있다면 우리는 잠재된 능력을 일깨워 매 순간 가슴 뛰는 삶을 살아갈 수 있다. 꼭 그렇게 살고 싶었던 나머지, 가슴 뛰게 하는 자극만을 찾아 헤맸던 적이 있다. 우리를 둘러싼 환경은 이미 충분히 자극적이다. 수시로 메시지와 SNS 알림이 울린다. 편리함에 대한 욕구, 아름답고 건강해지고 싶은 마음, 성취욕, 지적 욕구 등을 자극하는 마케팅 메시지를 접하고 이끌린다. 우리는 욕망을 통해 가슴 뛰고 살아있음을 느낄 수 있다. 하고 싶은 것도 없고, 먹고 싶은 것도 없고, 갖고 싶은 것도 없다는 건 득도의 경지가 아니라 산송장이니까. 욕구가 없다면 살아있는 삶이 아니다. 다만, 익숙해질수록 더 큰 자극을 원하게 되는 것이 문제다. 가지고 있음에도 더 많은 걸 원했고, 더 멋져 보이기 위해 후회 가득한 선택을 하기도 했다. 남들에게 말하기에도 아주 그럴듯한 것들을 꿈으로 나열하기도 했다. 하지만 진짜 내 것이 아니었는지 장애물이 있으면 뛰어넘는 게 아니라 가로막혔다.

내가 원했던 것은 이런 자극에 반응하는 삶이 아니었다. 불필요한 자극을 거르고 가치 있는 것에 선택적인 반응을 할 수 있는 삶이었다. 외부의 자극에 이끌리기만 한다면 결국 그에 의존하고 중독되며 자아를 잃는다는 것을 깨달았기 때문이다. 너무나 가슴 뛰는 것, 너무나 안달이 나서 당장 이뤄내고 싶은 것은 경계할 필요가 있다. 진짜 내 테니스공이 아닐 확률이 높으니까. 의도치 않아도 건강한 심장은 하루에 10만 번씩 펌프질을 한다. 과도하게 가슴이 뛰는 건 위험하다. 잠깐은 괜찮지만 평생토록 빨리, 쿵쾅쿵쾅 뛰기를 요구해서는 안 된다. 심장이 멈춰버릴 테니까. 욕망은 꿈을 꾸는 시작의 원동력이 될 수는 있지만 장기적이지 않다. 그 욕구를 이어나갈 다른 무언가를 찾아야 한다.

그래서 심리적 안정감을 주는 고요한 나만의 시간과 공간으로 들어가야 한다. 이를 버지니아 울프는 자기만의 방이라 표현했고, 몽테뉴는 치타델레로 불렀다. 하루에 1분이라도 외부의 자극에 반응하지 않은 진짜 나의 이야기를 살펴봐야 한다. 누군가에게는 운동을 하거나 그림을 그리는 순간일 수도 있다. 지금처럼 책을 읽으며 빗대어 생각해볼 수도 있다. 이게 진짜 공부다. 너무 뛰어 심장이 터질 것 같지 않으면서도 살아있음을 느낄 수 있는 적당한 가슴 뜀. '나만의 테니스공은 뭘까? 내가 진짜 원하는 건 뭘까? 이번에는 내가 방향을 잘 설정한 게 맞나? 내가 과연 잘하고 있나? 나에게 이게 최선인가?' 스스로 검증해야 할 때면 떠올리는 질문들이 있다.

"만일 6개월 후 원하는 모습으로 죽음을 맞이할 수 있다면, 나는 어떠 세상이 끝날 거라 예상되면 사람들은 어떻게 살까? 스피노자처럼 한 그루의 사과나무를 심을까? 아니면 '에라 모르겠다. 어차피 죽을 거, 있는 돈 다 쓰고, 억지로 하던 것 다 멈추자' 하며 맘껏 쾌락을 추구할까. 고등학생 때의 나는 억눌린 욕구를 다 해소하려 들었던 것 같다. '열매를 먹지도 못할 걸 뭐 하러 심는다는 거야. 나 같으면 억지로 학교도 안 가고, 공부도 안 하고, 드러누워서 뒹굴거리다 맛있는 거나 잔뜩 먹을 텐데'라는 생각을 했으니까.

영화 〈돈 룩 업〉의 주인공들도 별다르지 않았다. 혜성 충돌로 인한 지구의 종말 앞에서 사람들은 자신이 추구하는 욕망들을 날 것으로 드러냈다. 레오나르도 디카프리오가 열연한 천문학자 민디 박사는 쾌락을 좇고 두려움을 피해 다니는 '들쥐' 캐릭터로 묘사된다. 겉으로는 도덕적인 척하지만 실제로는 정반대로 살아가는 것이다. 권력과 부를 가진 이들은 지구가 멸망해도 자신들만 살아남기 위해 방법을 고안하고 대중들에게는 숨겼다. 대놓고 온갖 종류의 쾌락에 몰두하는 사람들도 나온다. 죽기 직전에도 물질적인 것을 놓지 못하고 시계, 차, 고급 의류 등을 위해 기도하는 사람이 있는가 반면, 평상시처럼 가족들과 저녁식사를 하는 이들도 있었다.

'6개월만 살고 죽게 된다면? 만약 한 달 남았다면? 6개월 후라면? 30년 후라면? 또는 세상이 멸망하는 게 내일이라면? 기간이 달라진다면?' 비슷해 보이는 질문들이지만 결이 다르다. 내가 사라져도 세상은 계속 돌아갈 때, 무엇을 해도 세상과 함께 모두 사라질 때 내가 할 수 있는 건 달라질 것이기 때문이다. 기간에 따라서도 자극에 반응하는 정도가 달라질 것 같다. 마지막까지도 다음 세대를 위해 이 세상에 보탬이 되는 삶을 살고 죽는 것과 내가 무엇을 어떻게 해도 사라질 이 세상에서 남은 하루를 사는 것은 차원이 다른 이야기다. 이렇게 너무도 달라 보이는 질문에 같은 대답을 할 수 있을 때 그것이 내 소명이 되지 않을까.

우선 세상에서 나만 사라지는 거라면, 내 물건을 잘 정리해서 유품에 치이지 않게 하고 싶다. 책『나는 매주 시체를 보러 간다』,『죽은 자의 집 청소』를 보고 나니 그런 생각이 더 많이 들었다. 세상과 함께 모두가 사라진다면 적당히만 청소할란다. 먼지 하나 없는 정도까지 할 필요는 없겠지. 살찔까 봐 안 먹은 디저트도 맘껏 먹을 것 같다. 하지만 이것 외에는 같다. 나는 평소처럼 살고 싶다. 지금처럼 신문과 책을 읽고 글을 쓸 거다. 강의가 있는 날에는 돌아와 식사를 준비하겠지. 가족들이나 친구들과 맛있는 것도 먹고 수다를 떤다. 드라마도 보고 산책도 다녀온다. 그리고 가족들에게 사랑한다 말하고 잠을 청할 것이다. 이런 하루를 생각하면 가슴이 뛴다. 없는 것을 가져 가슴 뛰는 삶은 원하지 않는다. 모든 것을 가져 이 세상을 떠나고 싶지 않는 것을 경계한다.

한계가 없는 하루를 묻는 질문도 소중한 가치를 떠올리는 데 효과적이다. 보통 생계를 위해 경제적 활동을 하느라 꿈조차 생각하지 못한다. 하지만 돈을 벌지 않아도 되는 상황을 상상하거나, 무엇이든 할 수 있는 능력들을 생각해보면 진정으로 좋아하는 내 꿈을 발견하는 데 도움이 된다. 혼자서 끄적거려 놓은 것을 살펴보니 이 역시 지금의 삶과 별다르지 않았다. 더 큰 집, 맘에 쏙 드는 서재에서, 경제적 부담 없이 온갖 해외를 넘나든다는 건 너무나 다르다. 엄청난 초능력으로 글도 술술 잘 써서, 다양한 분야에서 많은 작품을 남기는 것도, 재레드 다이아몬드 박사처럼 다국어로 강연을 다니는 것도 비현실적이다. 하지만 그 환경과 능력 안에서 내가 하고 싶은 건 지금과 같다. 글을 쓰며 사람들에게 도움을 주는 것, 그러면서도 가정 안에서 나의 책임을 다하는 일 말이다. 마하트마 간디의 말처럼 오늘 죽을 것처럼 살고, 평생 살 것처럼 공부하고 싶다. 물론 막강한 힘과 유명세로 더 많은 사람과 소통할 수 있으면 좋겠지만, 그건 내가 할 수 있는 범위의 노력이 아닌 걸 안다. 단 1명만이라도 나를 통해 좋은 영향을 받을 수 있다면 내가 살아있는 이유는 충분하지 않을까. 그래서 나는 오늘도 마음을 다하여 쓴다.

우리가 가야 할 방향은 세상이 아닌 우리 자신이 가장 잘 알고 있다. 물론 나를 들여다보는 과정은 쉽지 않다. 특히나 이런 질문들은 더더욱 그렇다. 멘토나 부모님, 친구가 조언을 해줄 수는 있지만, 알에서 나오는 것은 바로 나다. 아기가 태어날 때도 엄마의 힘만으로는 세상에 태어날 수 없는 것과 마찬가지다. 시간이 지나면 지금과는 다른 답을 이야기할 수도 있다. 뭐 어떤가. 가장 중요한 건 수시로 나를 들여다보는 것이다. 진정한 나를 살펴보는 시간을 가져야 어떠한 시련에도 흔들리지 않는 단단한 꿈을 만들 수 있다. 몰입을 가져올 자신만의 소망을 꼭 찾을 수 있기를 바란다. 그리고 오늘 단 5분 만이라도, 그 가슴 뛰는 삶을 현실로 살아낼 수 있기를.

어릴 때 즐겨 읽던 백과사전 시리즈에서 유독 직업 편을 좋아했다. 하루에도 몇 번씩 보면서 나는 어른이 되어 어떤 일을 하면서 살면 좋을까 상상했다. 부모님처럼 선생님으로 살며 아이들과 함께해도 재미있을 것 같았고, 좋아하는 그림을 평생 그리는 삶도 매력적이었다. 흰 가운을 입고 생명을 다루는 의사도 너무나 멋졌고, 세계 각지에서 대한민국을 대표하며 국민을 돕는 외교관의 삶도 동경했다. 전 세계를 누비는 파일럿과 승무원도 특별해 보였고, 획기적인 발명품을 만들어내어 세상 사람들에게 도움을 주는 사람이 되고 싶기도 했다.

내가 만났던 초등학생들도 이런저런 다양한 직업을 살펴보며,

저마다 각기 다른 꿈들을 꾼다. 강연에서 만난 청춘들도 대학을 선택할 때부터, 그리고 대학에 가서도 앞으로 어떤 직업을 선택해야 할까 고민을 시작한다. 이제 막 사회에 발을 내딛는 루키들도, 한창 일할 나이의 직장인들도, 은퇴를 앞둔 이들도 별다르지 않다. 이 직업이 자신에게 맞는 것인지 앞으로 이 일을 계속하는 게 맞는 건지, 자신이 제대로 가고 있는지 고민한다.

삶을 살아내야 하는 인간에게 이런 질문들은 자연스럽지만 어렵기만 하다. 고통스러워 빨리 끝내버리고 싶다. 완벽한 직업을 찾기만 한다면 맘 편히 살 수 있다고 생각했다. 하지만 놓쳤던 점이 있었다. 직업은 인생의 전부가 아니라는 점이다. 취업 실패는 인생 실패가 아니며, 완벽한 직업이 완벽한 인생을 보장하지 않는다는 말과도 같다. 직업은 언제든지 바꿀 수 있다. 수단이기 때문에 그렇다. 인생의 목적을 이루는 데 다양한 방식으로 나타나는 것이 직업인 것이다. 삶의 방식에 큰 영향을 미치긴 하지만 퇴근 후의 시간 역시 분명히 존재한다. 지위나 연봉만으로 직업의 순위를 매길 수 없다. 가치 기준은 저마다 다르다.

또 세상은 끊임없이 바뀐다. 불확실성이 지배하는 시대에 정답은 없다. 그야말로 평생직장의 종말이다. 여러 직업을 동시에 가지는 N잡러는 물론 본캐(본캐릭터), 부캐(부캐릭터)라는 말도 흔히 쓰인다. 요즘 초등학생들은 평생 살며 5~6개의 직업을 가지게 된다는 연구결과도 속속들이 등장하고 있다. 그러니 완벽한 직업을 딱 하나 정해야겠다는 부담감만 내려놓으면 좋겠다. 인간이 언젠가 죽음을 맞이하는 것처럼 직장 역시 내려놓을 때가 분명히 있는 법이다. 이것을 처음으로 깨달은 순간은 초등교사로 일할 때였다. 연금이 나오는 평생직장을 다니면 솔직히 직업에 대한 고민을 안 할 줄 알았다. 아이들을 만나는 건 언제나 좋았지만, 나중에도 이렇게 쭉 살 수 있을까. 승진 없이 평교사로 아이들을 계속 만난다 해도 가만히 있을 수는 없었다. 변화하는 시대에 가만히 있는다는 것은 그 자리에 있는 것이 아니라 도태되는 것이니까. 아이들과 진심으로 소통하지 못하는 교사가 되어도 만족할까? 세대의 간격을 뛰어넘어 아이들과 소통하기 위해서라도 항상 연구해야만 했다. 나는 그럼 무엇을 공부해야 할까? 지식만 전달하는 교사는 사라진다는 유엔보고서도 본 터였다. 선생님 외의 캐릭터가 필요했다.

은퇴 후의 고민도 이어졌다. 퇴직하면 어떻게 살아야 하지? 만 62세는 너무 젊은데, 연금이 지금과는 달리 확 줄어든단다. 무엇으로 노후 대비를 해야 하나? 현실적인 문제로 시작한 고민은 나다움에 대한 질문으로 넘어갔다. 그 안정적이라는 초등교사가 되고서도 '나는 어떤 색깔을 가져야 하는가'를 고민해야 했다. 그게 골치 아파서 돌아왔는데 해결된 건 하나도 없었다. 변함없이 똑같다는 사실이 허무했다. 그러다 명함을 봤다. 서울시교육청, 초등학교 이름, 학교 주소와 전화번호까지 내 것이 하나도 없었다.

다 떼어버리고 나면 무엇이 남지? 내 이름뿐이었다. 솔직히 이름도 휴대폰 번호마저도 언제든지 바뀌는 것이었다. 나이가 먹어도 남아있는 건 하나도 없었다. 내가 존재한다는 것 외에는 말이다. 은퇴 후엔 오롯이 나로 서야 했다. '어떻게 살아야 하지?'라는 고민이 현실로 다가왔다. 직장과 나를 일체화시키는 가면부터 벗어야 했다. 그리고 나라는 사람에 대해 알아보기 시작했다.

애초부터 내게 맞는 완벽한 직업을 딱 하나만 정할 필요가 없다는 걸 알았다면 어땠을까. 부담 없이 이것저것 다 경험해 보도록 교육하면 얼마나 좋을까. 하나에 만족하는 사람은 하나만 하고, 아니면 여러 개 해도 된다고 말이다. 어차피 결과는 N잡러로 똑같다. 시간 차이만 있을 뿐. 이것저것 실제로 해봐야 내 길이 뭔지 알 수 있다. 아직 하고 싶은 게 많을 때, 다 할 수 있을 거라 격려해주면 안 되는 걸까. 그럼 어릴 때부터 호기심을 잃는 일은 없을 텐데 말이다.

故 이어령 박사님의 글이 떠오른다. 벽돌은 용도가 분명하고 기능이 뚜렷한 반면 자연 속의 돌멩이는 그렇지가 않다고. 인간도 결코 하나의 의미와 목적으로 설명될 수 있는 도구가 아니라고 했다. 스스로 욕망을 갖고 끝없이 그 용도를 변경하고 어떤 의미를 향해서 끊임없이 움직이고 있는 돌멩이라는 내용이었다. 딱 하나의 직업을 정하려고 고민하는 시간만큼이나 존재에 대한 본질을 탐구하는 데 투자했다면 얼마나 좋았을까. '우리는 왜 이 세

상에 태어났는가? 이 세상을 보다 살기 좋은 곳으로 만들기 위해 나는 무엇을 할 수 있는가?'를 고민했더라면 훨씬 행복했을 거다.

당시 나에게 따뜻한 조언을 해준 사람은 찰스 핸디였다. 안정된 미래를 버리고 자유를 위해 새롭고 무모한 모험을 택한 그를 동경했다. 머릿속의 지식을 삶으로 실천해내는 그와 같은 인생이 살고 싶어졌다. 『찰스 핸디의 포트폴리오 인생』은 내게 가장 큰 영향을 미친 책 중 하나다. 밑줄을 더 그을 데가 없어 새로 구매해서 또 보기도 했다. 모든 학교는 배워야 할 것보다 가르칠 수 있는 것을 가르치는 쪽을 택한다는 것에 고개를 끄덕였고, 아리스토텔레스의 에우다이모니아를 '자신이 가장 잘하는 분야에서 최선을 다하라'로 해석하는 것에도 공감했다. 또 순간순간 괜히 관뒀나 후회가 되었을 무렵에도 지그문트 바우만의 글에서 용기를 되찾았다. 불확실성과 불안정성이 지배하는 사회에서는 기존의 인재상과 다른 새로운 조건이 제시된다고 했다. 바로 '무질서 상황에서 머무를 수 있는 자신감'과 '낯선 환경에서도 꽃피울 수 있는 능력'이다. 유목민처럼 쉽게 이동할 수 있어야 그 능력들을 현실로 만들어낸다. 하나의 특정한 일자리에 자신을 묶어서 꼼짝달싹 못하게 되면, 가능성이 있어도 내 것이 되지 못할 테니 말이다.

그렇게 나는 새로 시작했다. '직職'을 내려놓고 '업業'을 찾기로 했다. 24시간을 스스로 결정하는 자유를 얻는 대신 교사라는 직책을 내려놓았다. 가만히만 있어도 그 감투를 내려놓아야 할 때가 분명히 올 것이었다. 하지만 그때까지 기다리다간 공무원의 안정성에 취해 지금의 마음을 유지하지 못할 것 같았다. 울며 겨자먹기로 뺏길 것 같았다. 어차피 몇십 년 후엔 내 것이 아니니 조금이라도 도전정신이 남아있을 때 나만 할 수 있는 일을 찾고 싶었다. 시간과 에너지를 나다움에 쏟고 싶었다. 직업이 몇 번이고 변해도 변치 않는 나의 이야기를 포트폴리오로 만들어 보고 싶었다.

　지금 당장 잘 다니고 있는 직장을 관두는 것만이 답은 아니다. 회사는 수많은 전문가가 모여 혼자서는 할 수 없는 일들을 해내는 곳이다. 여러 부서를 이동하면서 많은 사람을 만나고 다양한 업무를 경험할 수 있다. 이만큼 일을 배우기에 좋은 곳은 없다. 현재 내가 머물고 있는 곳이 어디건 버티고 부딪혀봐야 나의 진짜 능력과 관심사를 파악할 수 있다. 최선을 다해야 후회가 없다. 책 『코끼리와 벼룩』에서는 거대조직을 코끼리로, 개인을 벼룩으로 비유한다. 누구나 언젠가는 코끼리라는 거대조직에 기대지 않고 벼룩으로 살아야 한다는 것만 기억하면 된다. 코끼리가 내 것인 줄 아는 마음만 내려놓는 것이다. 그리고 커리어 중심의 좁은 시각에서 벗어나 주변의 많은 기회를 볼 수 있어야 한다. 일을 하면서 다른 생각을 하라는 것이 아니다. 맡은 업무가 진짜 내 평생의 업이 될 수도 있는 기회라 생각해봐야 한다는 것이다. 이 일로 창업을 했다면 거래처의 입장일 때, 생산자와 소비자의 입장일 때를 생각하며 일해야 힘센 벼룩이 될 수 있다.

단지 한 가지 정체성에만 의존하지 말라는 것이다. 여러 캐릭터를 두고 각각에서 나의 삶을 꾸려나가 보는 거다. 일 외의 소중한 영역에서도 나다움을 찾아보려는 노력은 필요하다. 직업이 있더라도 다양한 곳에서 여러 개의 정체성을 갖고 살면 된다. 직장에서는 신입 막내여도 춤 동아리에서는 경험 많은 리더일 수 있다. 컴퓨터 작업만 하다가도 농사를 지으며 눈에 보이는 성장을 체감할 수도 있다. 티 안 나는 육아나 살림만 할지라도 그것을 콘텐츠로 만들며 크리에이터로 살아갈 수 있다. 도움이 필요한 곳과 나의 안타까운 시선이 만나는 지점에서 자원봉사를 할 수도 있고, 악기나 운동을 배워나갈 수도 있다. 하루에 작은 시간을 투자하여 여러 가지 부캐를 만들면 만들수록 내 삶은 풍요로워진다. 그리고 본캐와 부캐는 언제든지 바뀔 수 있는 법이다. 나아가 각 캐릭터 간의 공통점까지 찾아낼 수만 있다면 금상첨화다. 삶의 존재 이유에 대해서 비로소 조금씩 답할 수 있게 될 테니.

자연 속의 돌멩이는 땅따먹기하는 놀잇감, 못을 박는 망치, 적을 쓰러뜨리는 무기, 화단 속의 장식품, 김장독의 누름이가 될 수 있다. 하나 안에 나를 가두지 않기를 바란다. 그것이 무엇이든 될 수 있는 건, 신의 형상과 모양을 가진 인간의 특권이다. 꿈꾸고 노력한 만큼 현실이 된다. 그러니 명사에 대한 의심보다는 그것에 어떤 의미를 부여할 것인지를 보다 깊게 생각하는 하루가 될 수 있기를 바란다. 우리의 가능성은 생각보다 크다.

미래가 불안할 때
던지는 질문들

‘나는 어떤 사람일까?’

‘나는 어떻게 살아야 할까?’

아무리 나의 진짜 마음을 살펴보라고 해도 당최 감이 안 오는 경우도 있다. 나도 그랬으니까. 그런 경우에 ‘롤모델을 300개 찾아오세요’라는 숙제를 내주곤 한다. 과제 명칭은 ‘네 안에 나 있다’다. 어떻게 하면 누구나 쉽게 답할 수 있을까. 평상시에 짬짬이 해낼 수 있으려면 어떻게 해야 할까. 골치 아프지 않으면서도 숨은 생각을 찾아낼 수 있는 방법은 뭐가 있을지 고민했다. 인물평전 및 잠재력에 대한 논문들, 지능과 능력, 교육심리학에 대해 살펴보다 아이디어를 얻었고 코칭에 이용하기 시작했다. 말 그대로 롤모델, 닮고 싶은 사람을 300명 찾는다. 주변의 친구들이나 가족들은 물론이고 신문이나 뉴스에 등장하는 현실 속 인물도 좋다. 하지만 이렇게 해서는 300개를 채우기가 여간 쉽지 않다. 그래서 나는 가상의 캐릭터까지 싹 다 찾아보라고 말한다. 재미있게 본 드라마, 영화, 만화 안의 인물들, 예술 작품 혹은 동물이나 사물도 좋다. 무엇이든 다 되는 건 300개의 명사가 핵심이 아니기 때문이다. 가장 중요한 건 '내가 롤모델로 선택한 이유'다.

인터뷰 예상 질문리스트에 꼭 포함되어 있는 "존경하는 인물은 누구인가요?"로 하지 않고, 닮고 싶은 사람이라고 힘을 뺐다. 존경이라는 단어가 들어가면 희한하게 대단한 업적을 이룬 사람들이 먼저 떠오른다. 위인전집 1번부터 100번 중 하나만 골라도 어느 누가 뭐라 토 달지 않을 거다. 각 분야의 권위 있는 상들의 수상자 중에 고를 수도 있겠다. 하지만 왠지 나와는 영 거리가 먼 사람 같았다. 이렇게 느껴지면 마음의 문이 닫혀 진정한 이유를 찾을 수 없다.

지금 하는 이 과제는 머리끝부터 발끝까지 완벽한 사람을 찾는 게 아니다. 인간에게는 누구나 흠이 있는 법이니까. 우리는 맘에 안 드는 구석을 찾는 게 아니라 닮고 싶은 부분을 찾는 연습을 하는 것이다. 예능 프로를 보다가 맘에 든 연예인을 고를 수도 있고, 친구와 대화를 나누다가 파악한 그의 장점을 고를 수도 있다. 판타지 웹소설을 보다 말고 어떤 한 인물에 꽂힐 수도 있다. 그 이유에 집중해야 한다.

존경하는 인물을 물어본 면접관의 의도도 마찬가지다. 그 이유가 궁금한 거다. 꿈을 그리는 사람은 마침내 그 꿈을 닮아간다는 말이 있다. 면접자의 과거는 구체적 자료로 살피지만, 그의 미래는 롤모델로 예상하는 것이다. 어떤 방향으로 발걸음을 내딛을지, 무엇을 소중하게 여길지, 그의 가치관은 무엇인지 말이다. 성장 가능성, 즉 잠재력의 방향을 파악할 수 있다. 워런 버핏 역시 "여러분의 영웅이 누구냐에 따라 앞으로 여러분의 삶이 어떻게 전개될지도 대강 짐작할 수 있다"고 했다. 다시 한번 강조하면, 롤모델 300명 찾기의 핵심은 나만의 이유를 발견하는 것이다. 답은 정해져 있지 않으니 내 맘대로 쓰면 된다. '그냥'만 아니면 된다. 한 단어만 써도 되니 폭넓게 여기저기 살펴보면 좋겠다. 원석을 채굴하는 과정이다.

이제 닮고 싶은 이유 300가지들을 크게 서너 가지 정도의 범주로 묶어본다. 비슷한 느낌을 가진 단어들을 한 곳에 담기 시작하는 거다. 책상 정리할 때 노트나 참고서는 책장에 꽂고, 필기구는 필통이나 연필꽂이에 담는 것처럼 말이다. 분홍색과 다홍색은 붉은 계열로 보내놓는 것과 같다. 혼자 하기 어렵다면 친구들의 도움을 받는 것도 추천한다. 객관화된 시각으로 살피면 오히려 분류가 쉬워질 수 있다. 처음에는 많은 그룹으로 묶일 수도 있지만, 최대 5개 정도로 나누기를 추천한다. 각 덩어리들마다 크기가 다를 경우 덩어리를 합치고 쪼개 비슷하게 만들면 된다.

　다음으로는 추려낸 서너 가지의 보석에 각기 다른 이름을 붙여줄 차례다. 각 묶음을 대표할 만한 단어를 생각해보는 것이다. 개별적인 것들에서 공통점을 찾아 일반화시키는 귀납적 추론이다. 네이밍을 하는 게 어렵다면 빈도가 높은 단어를 뽑아도 된다. 나는 '인간답고 사랑 많은', '매사에 호기심을 갖고 배우는', '통찰력 있게 글을 잘 쓰는', '주체적으로 사는' 사람들이 그렇게 멋져 보인다. 20대인 한 취업준비생의 롤모델은 '순수하고 재치있는', '신체단련이 잘된', '사려 깊고 단단한', '지적이고 추진력 있는' 사람이었다. 300개의 단어들은 의도하지 않았음에도 개인, 관계, 일의 범주로 나누어 배치되었다.

　드디어 '나는 어떤 사람이 되고 싶은가?'에 대한 답이 완성되었다. 꾸며주는 말 서너 가지로 가치관을 발견한 것이다. 롤모델 안에 내가 있었다. 이제 이것들을 자기소개서에 쓸 수 있다. 나는 "자신의 본 모습을 기억해내는 방법 중 하나는 자신이 존경하는 마음속 영웅을 떠올리는 것이다"라는 스티브 잡스의 말을 좋아한다. 누군가를 흠모한 이유는 내게 그 특징이 있기 때문이다. 단지 발현되지 않았을 뿐이다. 너무 깊이 숨어있어 몰랐을 뿐 그것은 자신의 특성이 맞다. 관심이 없다면 부럽기는커녕 좋아할 수도 없다. 롤모델은 잠재력이 열매 맺은 미래 나의 모습인 것이다. 물론 자신을 꾸며주는 수식어로 사용하기에 민망한 것들도 있다.

그건 나만 간직하면 된다. 그 지점이 앞으로 시간과 노력을 투자할 방향이다. 어디부터 손을 대야 할지 몰랐던 백지에 밑그림이 그려진 것이다. 서너 가지 단어를 얻었을 뿐임에도 어느 방향으로 열심을 낼지 감이 온다고들 한다. 구체적인 방법은 시기와 성향에 따라 달라질 수 있다. 자신에게 맞는 방식으로 나답게 현실로 만들어내면 된다.

또 결과물을 통해 과거를 떠올려보면 나의 행동과 선택들이 그것에 수렴되는 것을 확인하기도 한다. 점을 선으로 잇는다는 것이 바로 이거다. 나만의 개별적인 사례들을 발굴해낼수록 롤모델에 가까워진다. 복사해서 붙여넣기 한 것들과는 차원이 다르다. 진심을 이야기할 때에는 눈빛과 말투부터 달라진다. 확신과 자신감은 타인에게 신뢰를 불러일으킨다. 설득의 핵심요소는 진짜 나다움에 있다.

300개 과제를 이야기하면 딱 300개를 맞춰오는 사람, 382개, 500개를 해오는 분들도 있었다. 하지만 아무리 생각해도 300개를 절대 못 찾겠다는 사람도 있기 마련이다. 30대 한 직장인은 죄송하다며 단 하나의 롤모델을 소개했다. 바로 학창시절 좋아했다는 세일러문의 한 캐릭터였다. 아무리 생각해도 맘에 드는 사람이 없었고 사물도 와닿지 않았다는 것이다. 당연히 괜찮다. 사람마다 다른 법이니까. 넵튠의 수호자 카이오 미치루는 내겐 낯선 캐릭터였기에 이유가 더 궁금했다. 고상하고 우아하며, 결단력을 갖춘, 아름다운 인물이라 했다. 그녀의 내면에는 이미 3가지 특징이 보였다. '아름다운'이라는 형용사를 더 파고들어 보라고 조언했다. 자신만의 단어로 재정의하면서 나다운 모습으로 성장하면 된다. 과제의 목적은 이것이다. 처음은 어려울지 몰라도 또 다른 수식어를 발견하는 것은 자연스럽게 이루어진다. 생각을 꺼내는 사고방식이 습관이 될 것이기 때문이다. 이미 네이밍한 것들도 바뀔 수 있다. 달라진 이유만 파악하고 자기 맘대로 다듬어 가면 된다. 형용사가 익숙해지면 동사, 명사의 형태로 확장시키면 된다. 직업군을 찾아낼 수도 있고 업무의 방향성을 찾아낼 수도 있다.

점점 명료하게 생각을 다듬어 나가다 보면 자신의 상황에 맞게 응용할 수 있는 능력도 생길 것이다. 예를 들어, 전문가, 임원 중 어떤 범주의 사람들이 끌리는지 확인해 볼 수도 있다. 전문가라면 관련 학위와 지식을 쌓는 데 노력할 것이고, 임원이라는 방향성을 찾아낸 사람은 이해 당사자들 간의 관계에 더 치중하면 될 것이다. 2가지를 녹여 창업이라는 방향을 설정할 수도 있다. 또는 평범한 시민으로서 개인의 자기단련이나 가족에 시간을 투자할 수 있겠다. 무엇을 바라보느냐에 따라 퇴근 후의 모습도 달라진다.

이제 더 이상 남이 정해놓은 정답 찾기에 끌려다닐 필요가 없다. 일상에서 접하는 수많은 정보에서 자신에게 가치로운 것들을 걸러내는 연습을 했기 때문이다. 앞으로도 두루뭉술한 무언가를 뾰족하게 만들어가면서 진정한 나로 바로 서면 된다. 수많은 단어를 탐색하는 동안 언어능력은 물론 비판적 사고 능력을 기르게되는 건 덤이다. 나아가 시각이나 청각 등 다양한 부분에 응용할 수도 있다. 수많은 이미지나 영상들을 살펴보며 선호나 비선호의 공통점을 찾아내는 것이다. 간접적 경험의 폭을 넓혀 나를 알아가는 거다. 외적인 롤모델로 한정시켜 자신만의 스타일을 만들어갈 수도 있고, 예술작품에 대한 자신만의 취향을 발견할 수도 있다. 어떤 공간에서 편안함을 느끼는지, 어떤 향기가 집중도를 높이는지, 주변의 멜로디나 밝기(조도), 공간감 등을 통해 더 나은 나를 이끌어내는 정보를 얻을 수 있다. 이 세상의 모든 것이 공부의 재료다.

'나는 언제 기분이 나빠질까? 나는 몇 시간 자야 상쾌할까?' 이런 질문들로 시작하는 건 더 쉽다. 아이들도 답할 수 있는 편안한 질문으로 생각을 꺼내는 거다. '아침에 침대에서 벌떡 일어나게 하는 건 뭘까? 침대에서 일어나기 두렵게 하는 건 뭐니? 일주일 가운데 가장 좋아하는 요일은? 그날이 되면 뭘 하고 싶니? 너를 진정으로 행복하게 하는 건 뭐니? 너의 특별한 재능은 무엇이라고 생각하니? 너는 요새 무엇을 하는 데(배우는 데) 관심이 있니? 가장 자랑스러웠던 일은 뭐니? 그 이유는?' 혼자 하기 힘들 때 가끔 친구들에게 물어보며 힌트를 얻어도 좋다. 그리고 결국엔 '나는 왜 우리 부모님 밑에서 태어났을까? 내 인생의 목적이 무엇일까?'라는 존재를 다룬 질문까지 자신만의 답을 찾아가는 것이 진짜 공부라 믿는다. 모든 공부의 시작은 자기 발견으로부터 시작되며, 자기 발견이 있을 때 비로소 자기 혁신이 온다.

질문은 씨앗과 같아서 한번 마음에 품으면 언젠가는 싹이 튼다. 당장 답이 나오지 않아도 괜찮다. 품은 질문이 무엇인지 생각도 안 나는 어느 시점 불쑥 '아, 이래서였구나'라는 답이 떠오를 거라 확신한다. 스스로 틔운 싹일 때만이 숨겨진 재능을 촉발시킨다. 그대의 모든 재능을 더불어 사는 사회를 위하여 마음껏 발휘해보기를 바란다. 관심과 사랑으로 일상의 나를 발견해 나가다 보면 언젠가는 내 인생의 주인이 될 테니까.

좋아하는 것과
잘한다는 것에 대하여

눈썹을 그리고 눈두덩이에 살짝 음영이 들어간 아이섀도를 바른다. 그 위에 분홍빛이 들어간 아이섀도를 바르고 아이라인을 그리고 속눈썹을 붙인다. 아침에 강의 준비를 위해 화장을 하다 말고 불현듯 맨날 똑같은 방법으로 화장을 한다는 걸 깨달았다. 분명 좀 더 예뻐 보이겠다고 립스틱도 여러 개, 아이섀도도 여러 개를 갖고 있는데 맨날 쓰는 것만 쓴다. 같은 아이섀도를 쓰고 같은 방식으로 화장을 한다. 그야말로 딱 하나로 정해진 나의 화장법이라니 드디어 단순해진 건가. 선택할 것도 많고 생각할 것도 많은데 뭐 하나만큼은 자동화된 상태가 되어주어야 머리가 쉴 테니 정말 기쁘다.

그런데 왜 그런 거지? 옷은 그래도 몇 가지 착장을 적당히 돌려가며 바꿔 입는데 왜 유독 화장은 맨날 똑같이 하는 걸까. 강의 갈 때만 화장을 하니 여유 없이 바쁘게 빨리빨리 해서 그런가. 분명 요렇게도 저렇게도 해보고 싶고, 옅은 색을 이용해서 안 한 듯한 화장을 해보고 싶은데 말이지. 신기한 건 속마음과는 달리 그리 안 해도 꽤 만족스럽다는 거다. 다양함을 동경하지만 현실은 맨날 똑같다. 그럼에도 희한하게 지겹지 않다. 금세 질리는 나 같은 사람에게도 이런 부분이 있다니, 참 의아하다.

스티브 잡스나 마크 저커버그는 이래서 매일 똑같은 옷을 입었던 걸까. 선택하는 피로감에서 벗어나 다른 곳에 생각을 더 집중할 수 있다는 말에 공감했던지라 따라 해 본 적이 있다. 매번 다른 옷을 입는 그런 삶은 상상만 해도 스트레스지만 또 매번 같은 옷을 입는다는 것도 너무나 지겨웠다. 재미가 없었다. 패셔니스타도 미니멀리스트도 안 되는 또 중간 어느 지점이다. 답답한 와중에 생각이 스친다. '아, 그렇구나' 매번 같은 옷을 입는 그들은 아예 지겹지 않았을지도 모른다. 사람마다 편안함을 주는 반복의 분야가 각기 다르며, 그 반복 안에서도 새로움을 입히고 싶은 부분이 다 다를 수 있으니까. 어느 누군가는 자연스럽게 옷을 다양하게 입을 수 있을 테고, 누군가는 요리도 이것저것 해볼 거다. 종류별로 다양하게 각 상황에 맞는 샷을 연구할 수도 있고, 그림이나 음악 등의 분야에서 나만의 스타일을 만들어낼 수도 있다. 미디어의 수많은 크리에이터들도 자신만의 방식으로 한 주제를 다양하게 표현해낸다.

"좋아하는 것과 잘하는 것 둘 중 무엇부터 해야 할까요?"

꽤 많이 받는 질문 중 하나다. 나 역시 무엇을 직업으로 삼아야 하는 건지, 어느 길을 선택해야 하는 건지 고민했던 적이 있다. 좀 더 시행착오를 줄이고 싶었고, 다들 무엇을 답으로 하며 살아가는 건지 궁금하기도 했다. 좋아하는 일을 하면 된다, 잘하는 것을 먼저 해서 밥벌이를 한 후 좋아하는 것도 하라는 현실적인 답변, 싫어하는 걸 하지 않게끔만 하며 살면 된다는 예상외의 답변들도 나온다. 또 좋아하는 것은 계속하다 보면 결국에 잘하게 될 테니 더 좋아하게 될 테고, 잘하는 것은 잘해서 좋아하게 되니 그 두 가지가 나중에는 같아질 것이라는 이야기도 많이들 한다.

무엇이 정답일까. 각각의 주장이 다 일리가 있으니 자신이 처한 상황에 따라 달라질 것 같다. 인생의 문제들이란 뭐 하나 쉽게 결론 내릴 수 없다. 나도 뭐라 딱 하나 집어 말할 수는 없지만 그래도 이거 하나는 확신한다. 자연스레 다양함을 추구하게 되는 그 무언가에 자신이 나아갈 방향의 힌트가 있다고. 단 하나가 아닌 여러 가지 변화를 주며 하고 싶다는 마음, 이건 익숙함이 기본이 되어야만 가능한 일인 거다. 그 익숙함이 능숙함이 되면 저절로 기존 것과 좀 더 다르게 바꿔보고 싶은 마음이 들 테고, 나만의 아이디어를 좀 더 적용해보고 싶은 욕심이 생긴다. 즉 잘한다는 것은 다양함에 욕심이 생긴다는 것이다. 잘하지 못할 때는 어떤 기준에 쫓아가기만도 바쁘다. 하지만 익숙해져서 잘하게 되면 나만의 방식을 집어넣고 싶어진다. 무언가를 할수록 범위가 확장되며 깊이가 깊어진다. 또 좋아해서가 아니지만 뭔가 계속해야만 하는 상황에서도 다양성은 발휘된다. 조금 더 빨리 끝내고 싶고, 지적받지 않기 위해 좀 더 잘 해내려 하는 상황들 안에서 분명 발전한다. 어쩔 수 없이 때려치우지 않고 계속 붙들고 있으려는 그 마음은 그 안에서 또 다른 방식을 찾으려는 노력, 즉 창의성을 계발시키게 된다. 피난길에 다방 구석에서 담배 싸는 은박지에 그림을 그린 화가 이중섭이나 카페에서 냅킨에 글을 쓴 『해리포터』의 조앤 롤링을 볼 때면 창조력은 자유에서 나오는 것이 아니라 결핍에서 나온다는 말에 고개가 끄덕여진다.

이해와는 별도로 단순히 좋아하는 것만으로는 잘하게 되는 상태까지 되기가 쉽지 않다. 싫증 나면 그만두고 싶어지는 게 본능이다. 하지만 무언가가 부족하고 힘들며 여의치 않은 상태임에도 그것을 계속하고 싶은 생각이 든다면, 바로 그곳에 나의 잠재력이 숨어있다고 믿는다. 아이들이나 나나 피아노를 배웠을 때 가장 싫어했던 것 중 하나는 하농Hanon 책을 따라 끊임없이 반복하는 연습이었다. 바이엘을 끝내고 이제 나도 멋진 곡을 칠 수 있나 싶은 기대감을 순식간에 무너뜨리는 하농은 재미도 없고 정확하게 치지 않으면 혼이 났다. 아름다운 선율을 가진 곡이 얼마나 많은데 굳이 이걸 쳐야 하나, 파란색 표지의 두꺼운 그 책이 그리도 싫었다.

그런데 임윤찬 피아니스트가 콘서트 리허설 무대에서 그 곡을 쳤단다. 피아노를 처음 배우는 아이들이 치는 그 하농을 만 18세의 나이로 반 클라이번 콩쿠르에서 우승한 실력자가 여전히 치고 있다는 거였다. 좀 더 기교를 부리기 위한 다른 연습을 했을 법도 했을 텐데 말이다. 콩쿠르 기간 내내 새벽 4시까지 연습했었고, 우승했다고 실력이 느는 건 아니라며 달라진 게 없다는 겸손한 그의 답변에 이미 감동받았던 터다. 내 자신이 새삼 부끄러워졌다. 말과 행동이 일치하는 그를 보며 존경심과 함께 여러 생각이 샘솟았다.

임윤찬 군은 피아노를 정말로 좋아하는 사람이었다. 진짜 좋아한다는 건 이런 마음이라는 걸 그를 통해 진하게 느꼈다. 기본에 충실하기 위해 틀리지 않는 지겨운 연습도 기꺼이 해낸다. 혹시 모를 나태함을 이기기 위해 매일의 루틴을 가진다. 내게 필요한 연습이라면 체면을 차리지 않고 해낸다. 손만 뚱땅거리는 기교만 가득한 반쪽짜리 음악가가 되지 않기 위해 끊임없이 고민한다. 이를 바탕으로 정확성을 넘어 답이 없는 어느 부분에서는 남들과 다른 색도 뿜어낸다.

음의 길이를 연주자의 감정과 해석에 따라 늘였다 줄이는 것이 가능한 '템포 루바토'라는 음악 기호가 있다. 나는 삶에서 그런 기호를 만날 때마다 과연 담대할 수 있는가 생각해본다. 마음대로 펼쳐낼 수 있는 자유를 열망하기보다 내게 더 필요한 건 그 순간을 당당하게 맞닥뜨릴 수 있는 실력일지도 모르겠다. 그리고 한순간에 그 실력을 갖추기를 소망하기보다 오늘도 해내야 하는 것을 실천에 옮기는 마음이 먼저일 테지. 야망이나 절실함 없이도 계속하고 싶고, 실패해도 상관없고, 다양성이 요구되는 것이 기쁘게 다가오는 분야에 -지금 제겐 글쓰기입니다만- 열정과 시간을 쏟아본다.

＊ ＊ ＊

오늘도 퇴사를
고민하는 그대에게

· · · · · · · · · · · · · · · · · · · ·

오늘도 퇴사에 관한 기사를 읽었다. 공공연하게 입에 올리기 쉽지 않은 주제임에도 부쩍 많이 보인다. 대략 다음과 같은 이유 때문이란다. 취업준비에 온몸 다해 긴 시간을 다 갈아 넣었는데 치열한 취업 경쟁을 뚫고 입사한 회사는 기대보다 실망이 컸고(성장 정체), 퇴사는 더 이상 흠이 아닌 능력의 증명인 시대에 살고 있고(퇴사를 대하는 마인드 변화), 회사가 아니라도 돈을 벌 수 있는 세상이 되었다.

솔직히 이렇게 퇴사가 흔한 세상이 올 줄은 상상도 못했다. 세상의 기준에 부합하지 못했기에 나만의 기준을 만들어 살았을 뿐인데, 버티면 역시 트렌드와 부합하는 날이 오기도 하는 건가. 누가 뭐라 해도 자신에게만 확신이 있으면 되는 거다. 그래야 버틸 수 있으니까. 무엇보다 중요한 건 세상을 살피되 끌려가지는 말아야 한다는 거다. 이면의 본질을 꿰뚫고 내가 서 있는 이 자리에서 자신만의 방식으로 표현해내야 한다. 다른 사람이 버리는 것을 나는 갖는다는 인기아취人棄我取의 마인드랄까. 같은 길을 가려면 빠르고 앞서야 하지만, 언제나 빠르게 잘 해내는 코끼리는 존재하는 법이다.

그래서 우리는 누구의 선택도 아닌 자신만의 길을 가야 한다. 그 길은 오로지 나를 깊이 성찰해야 찾을 수 있다. 자신만의 답을 찾기 위한 질문 중 핵심은 왜Why다. 왜 그것이 하고 싶은지에 이어, 왜 지금의 일이 싫은지를 끊임없이 물어야 한다. 그냥 싫다가 아니라 그 이상의 열정이 존재하는 건지도 살펴야 한다. 그리고 어떤 삶을 살고 싶은지, 어떤 분야로 나아가고 싶은지What와 그에 맞는 방법How들로 나아가야 한다. 퇴사 외의 대안이 있는지도 찾아보고, 지금 당장 할 수 있는 것들을 실천해보고 관둬도 늦지 않다.

퇴사를 고민했다면 퇴사일기를 써보는 것을 추천해본다. 당장 결정하기보다 마음속으로 최소 반년 정도의 시간을 두었으면 좋겠다. '너무 힘들거나 싫어서 진짜 당장 그만둬야지'가 아니라 진짜 관두고 싶은 나의 이야기를 진득하게 들어주는 거다. 고민 과정을 낱낱이 기록해나가는 것만으로도 숨은 욕구를 파악할 수 있다. 원인을 알아야 제대로 된 해결 방향을 찾을 수 있는 법이다. 매일 힘들다만 적어도 된다. 그러다 어느 날은 새로운 아이디어나 절충 방법을 찾아낼 수도 있다. 그리고 다른 일을 하기 위한 것이라면 그 일에 대해 하루 30분씩이라도 새로운 분야에 대해 알아보는 시간을 가져야 한다. 그 정보들을 모으고 선별하는 과정 안에서 세부적인 방향을 찾아낼 수 있다.

나처럼 특별한 재능이나 흥미가 없는 사람이라면 펜을 붙들고 나만 보는 일기를 쓰는 것도 한 방법이다. SNS에 익명으로 매일의 단상을 남겨보는 것도 좋겠다. 불만족스러운 부분이 있었을지라도, 떠나기로 마음먹고 둘러보면 다시는 할 수 없는 경험들이 가득한 현재가 꽤 매력적일 수도 있다. 외부인의 시선으로 바라보면 언제나 새로운 아이디어를 만날 수 있으니까. 또 고민하며 적어간 매일의 기록은 누군가에게는 공감이, 누군가에게는 지혜의 보고가 될 수도 있다. 많은 이에게 선물처럼 다가올 때 그 기록은 한 권이 책이 될지도 모를 일이다. 되든 안 되든 최대한 끝까지 버텨보는 태도는 미련을 없앤다. 고장 난 물건을 바로 버리지 않고, 어떻게든 사용해보려 노력하는 것이다. 후회 없는 현재는 미래에 대한 기대감으로 바뀌어 도전에 대한 두려움을 줄여준다.

나는 머릿속이 복잡할 때면 빈 종이를 반으로 접어 생각들을 적어간다. A 또는 B 중 어떤 선택을 해야 할지 고민될 때, 문제와 해결방법을 떠올리기에도 가장 쉬운 방법이다. 이것이 익숙해지면 원인과 전략 등을 추가한 4분면 형태로 확장할 수도 있다. 9가지 목표설정법이나 그를 확장한 81칸의 만다라트로도 얼마든지 변형 가능하다. 얼마 전에도 퇴사 고민을 가져온 30대 직장인에게 같은 방식으로 생각을 풀어내 보기를 추천했다. 종이를 반으로 접어 왼쪽에는 이유를 적게 했다. 처음에는 역시나 '그냥 싫다, 힘들다'로 시작했지만 조금씩 세부적으로 무엇이 힘들고 싫은지를 조금씩 써나갔다. 그러고는 현재의 고민은 어떤 직장에 가도 별다르지 않은 것임을 스스로 깨달았다. 현실도피로 관두기보다는 대화방식이나 소통의 기술을 함양하는 것이 우선이라는 것도.

40대의 한 직장인은 업무보다 과도한 출장으로 인해 가족들과의 관계가 멀어지는 점이 힘들다고 했다. 안정적인 직업이라 포기하고 싶지는 않지만, 지금이 아니면 이도 저도 안 될 것 같아 자신의 전문분야를 사업으로 확장시킬 수 있는 방향을 샅샅이 찾아봐야겠다고 결론을 냈다. 한번 생각의 물꼬가 터지면 자신만의 결론에 다다르기 마련이다.

내게 안정적인 직장을 관두면서 후회가 없었는지 많이들 묻는다. 인간인데 왜 후회가 없겠나. 돈을 받으면서 여행을 가는 일, 연금을 받게 되는 안정감, 규칙적인 소득 등은 참 매력적이다. 하지만 그것을 위해 대신 포기해야 했던 것들에 대해서는 후회하지 않는다. 뭘 해야 할지 정하지 않고 시키는 일만 하는 것과 내 맘대로 할 수 있는 게 없어 답답했다. 무엇보다 최선을 다하지 않고 안주하며 대충 살고 있는 내가 마음에 들지 않았다. 무엇이든 다 가질 수는 없는 일이다. 자신이 더 추구하는 가치를 명확히 따져보는 것 외에는 방법이 없다. 그래서 나도 모르게 계속해서 스스로를 탐구하고 단단한 마음을 갖게 하는 것을 강조하게 된다.

퇴직은 일, 관계, 소득의 절벽을 가져온다. 준비 없이 퇴사하면 가장 먼저 닥치는 건 경제적인 문제다. 새로운 분야에서 시작한다는 것은 다시 제로에서 시작한다는 것이다. 당연히 예전에 비해 소득은 줄어들 것이고, 돈이 없으면 조급해진다. 조급함은 창의성을 좀 먹기에 가시적인 성과는 더딜 수밖에 없다. 그래서 파이어족과 같은 꿈을 꾸는지도 모르겠다. 돈을 불리는 재테크도 좋지만 현명한 재무 설계가 필요하다. 저축은 물론이고 씀씀이를 줄이는 게 가장 중요했다. 재무 전문가들은 최소 생활비의 수준을 줄여놓는 것이 최고의 연금이라 했다. 덜 벌고도 더 잘 살기 위해 새로운 선택을 하는 만큼 나다운 삶을 꼼꼼히 살펴야 한다. 가치에 따른 시간 배분과 비용 절감을 위한 시스템도 고민해야 한다.

시나리오 플래닝Scenario Planning이라는 말이 있다. 예측 불가능한 미래에 대해 완벽한 예측이 필요하다는 입장과 완벽함에 힘을 낭비하지 말고 일단 전진하자는 입장의 대립 관계를 해소하고 하나로 융화시키는 방법을 시나리오 플래닝이라 한다. 따라서 시나리오 플래닝은 완벽하지는 않더라도 미래에 펼쳐질 여러 시나리오를 가지고 출발점을 정해 전략을 실행하다가 지속적으로 내외부 환경의 정보를 수집하면서 기존의 시나리오를 변경하고 대응 전략을 수정하는 과정을 말한다. 즉 생각만으로는 무언가를 완벽히 예측할 수 없기에 계획을 짜되, 실행도 하면서 수정해나가는 걸 말한다. 무엇이든 영원한 것은 없기에, 먼 미래의 은퇴를 준비하기 위해서도 인생 플랜 B 준비는 필요하다. 새로운 분야로 진입하기 위해 기존의 인맥에 연락해보거나 새로운 사람을 만나 인맥을 넓히고, 자원봉사, 무보수로 일하기, 직업교육, 훈련 등을 동시다발적으로 해야 하는 것은 물론이다. 사과가 무릎 위에 떨어지는 행운을 높이려면 과수원에 있어야 하는 법이니까. 원하는 것이 있으면 어떤 식으로든 그 세계에 빈번하게 접촉하기 시작해야 한다.

　나 역시 초등교사를 그만두기 전에 글을 쓰며 생각을 정리했고, 그것들을 모아 퇴직 후 책으로 출간했다. 종횡을 넘나드는 독서로 시야를 넓혔고, 교육과 융합하기 위해 다양한 분야의 강의를 듣고 실천에 옮겼다. 무보수로 강의를 해보기도 했고, 일부러 다른 직종의 사람들을 만나며 커뮤니티를 만들기도 했다. 그러면서 과연 하고 싶고, 좋아한다는 것이 어느 수준인지 가늠해보기도 했다.

　파울 클레의 작품 '세네시오'를 볼 때면 입체적이고 화사한 노인의 얼굴이 떠올라 꽃을 피우는 할머니가 되어야지 마음먹는다.

또 파울 클레를 생각할 때마다 나의 열정이 어느 정도인지 헤아려본다. 파울 클레는 파블로 피카소, 앙리 마티스와 함께 20세기 입체파 3대 작가로 꼽힌다. 61년 평생 1만 점에 이르는 작품을 남겼다. 그는 57살에 피부가 굳고 내부 장기까지 침범하는 전신 경화증에 걸렸다. 하지만 죽을 때까지도 붓을 놓지 않고 약 4년의 시간 동안 2,500여 점의 그림을 그렸다. 난 과연 몸이 굳어가는 고통 속에서도 그것을 할 수 있을까. 신체적 심리적 한계를 넘어서서 해낼 수 있을까. 클레와 같은 고난을 감히 상상할 수 없다. 하지만 임계점을 넘어야 물이 끓듯이 마음만이라도 어느 정도일지 생각해보는 거다. 그것이 안정적인 직업을 내려놓으면서까지도 진짜 하고 싶은 일이다.

이 정도까지는 아니더라도 자신이 주변 사람들에게 '작작 좀 해', '독하다' 소리를 들은 분야가 있는지 떠올려본다. 아니면 꾸준히 해내온 분야도 괜찮다. 드러나는 행동들로 판단할 수도 있지만, 그 이면에 깔린 자신의 욕구를 살펴보는 것이 중요하다. 나는 현재 어떤 것에 가장 열정을 다하고 있는지 말이다. 내가 이만큼 현재를 즐기고 과거를 되돌아보며 미래를 상상해본 적이 있었나. 놀고 싶은 욕구를 내려놓고 꾸준히 해나가는 무언가를 찾아보는 거다.

퇴사 외에도 자신에게 적합한 방식으로 일을 하는 법은 너무나 많다. 그 예시를 위해 에밀리 와프닉의 저서 『모든 것이 되는 법』에서 제시한 직업 모델을 소개하고 싶다. 그녀는 한 지식 또는 기술에만 몰두하지 않는 사람을 다능인_{멀티포텐셜라이트, Multipotentialite}이라 칭했다. 대표적인 다능인에는 아인슈타인, 레오나르도 다빈치, 프랭클린이 있다. 또 『타이탄의 도구들』의 저자인 팀 페리스는 연기자, 기업가, 강연가이며 탱고 춤에서 기네스 세계기록을 보유하고 있고, 유수 챔피언이기도 하다. 리처드 브랜슨은 사업가, 발명가, 자선활동가이며 버진 그룹의 설립자로 음악과 항공우주산업, 정보통신과 같은 다양한 분야에서 400개가 넘는 회사를 소유하고 있다. 스티브 잡스는 기업가 겸 발명가이자 애플을 공동 창립한 산업디자이너다. 그는 개인 컴퓨터와 음악 그리고 애니메이션을 포함한 몇 개의 산업 분야를 혁신했다. 이들에게는 한 가지 진정한 천직이 없어도, 다양한 관심사와 열정으로 자신만의 세계를 창조하고자 했다는 공통점이 있다. 그들의 직업 형태는 크게 그룹허그, 슬래시, 아인슈타인, 피닉스 접근법 4가지로 구분할 수 있는데 이 또한 여러 가지가 동시에 존재할 수 있다.

'그룹허그 접근법'은 몇 가지 직업 영역을 오가며 많은 역할을 할 수 있는 다면적 일이나 사업을 하는 것을 뜻한다. 나를 온전히 반영하는 직업을 찾는 이들에게 적합하다. '슬래시 접근법'은 정기적으로 오고 갈 수 있는 2개 이상의 파트타임 일이나 사업을 하는 것을 뜻한다. '디자이너/작가/강연가'처럼 표기하기에 그렇게 부른다. '아인슈타인 접근법'은 생계를 완전히 지원하는 풀타임 일이나 사업을 하되, 부업으로 다른 열정을 추구할 만한 충분한 시간과 에너지를 남기는 것을 뜻한다. 안정성에 가치를 두는 다능인은 '아인슈타인 접근법'을 적용해보면 된다. 아인슈타인은 10년 가까이 스위스 정부의 특허국 관리자로 일했다. 본업이 있었음에도 불구하고 같은 기간 동안 특수상대성이론을 포함한 놀라운 작업들을 해냈다. '피닉스 접근법'은 하나의 분야에서 몇 달 혹은 몇 년간 일한 후, 방향을 바꿔 새로운 분야에서 새로운 일을 시작하는 것이다. 이 모델은 자신의 관심사를 한 번에 하나씩 탐험하는 것을 좋아하는 순차적인 다능인에게 적합하다. 피닉스 다능인의 진로는 외부에서 볼 때 산만하고 무작위처럼 보이지만, 종종 공통의 '왜WHY'가 각각의 커리어에 깔려있다. 직업을 바꾸기 전에 새로운 경력을 부업으로 시작해서 매끄러운 전환이 이루어지게 하는 것을 추천한다. 4가지 접근법을 참고하며 나름대로 믹스매치하면 기존의 커리어를 활용하는 데 있어 많은 영감을 받을 수 있을 것이다.

하고자 하는 일들이 비슷한 분야라면 눈에 보이는 하나의 명확한 줄기가 있기에 전문가로 성장하는 과정으로 비춰질 것이다. 관련이 전혀 없는 분야 역시 두려워할 필요가 없다. 연결고리는 내가 만드는 것이다. 승무원과 초등교사 또 작가나 강연가에는 공통점이 없다. 처음에는 다른 항공사면 다를까 싶어 고민했고, 승무원이 많이 선택하는 다른 서비스직 분야도 살펴봤다. 방송

쪽이나 외국어 직종으로도 많이 이동한다. 하지만 깊이 생각해본 결과 나는 당시 안정성, 독립성, 주도성, 전문성의 키워드를 원했기에 초등교사라는 직업을 선택하게 되었다.

초등교사는 자신이 맡은 교실에서 아이들과 함께 생활하기에 독립성이 보장되는 직업이다. 상사와 부딪히는 시간은 적고, 교육과정 내 학습목표에 충실하면 교사의 수업 자율성도 보장된다. 또 예전과는 달리 교사의 창작활동을 장려하고 있기에, 분명 그 안에서도 나답게 살아갈 수 있다. 댄스로 학급경영을 하는 선생님, 래퍼로 활동하는 선생님, 그림책이나 동화책을 키워드로 자신의 색깔을 찾은 선생님들을 보며 감탄을 금치 못했다. 진정으로 원하는 일을 찾았다면 두드리고 열릴 때까지 기다리면 된다. 커리어 전환에 있어 비슷한 공통점을 찾았다면 변치 않는 자신의 중요한 특성이자 가치관을 찾았다는 뜻이다. 하나도 없다면 스스로 만들어내면 된다. 심사숙고하여 알아보고, 가고 싶은 곳 문 앞까지 가보는 거다. 열리는 곳에 충실히 최선을 다하면 된다.

우리의 삶은 두발자전거처럼 불안하다. 가만히 멈춰 있으면 넘어진다. 두 발을 굴려 페달을 밟는 순간 비로소 중심을 잡으며 앞으로 나아갈 수 있다. 새로운 선택이 지금보다 더 빛나는 인생이 될 수도, 오히려 고난이 될 수도 있다. 하지만 미리 판단 내릴 필요는 없다. 어떠한 선택이든 소중한 경험이 될 것이니까. 무엇이든 일단 부딪쳐봐야 그다음을 기약할 수 있다. 충분히 고민했다면 일단 그 자리에서 조금씩이라도 도전해보기를. 뛰어넘으려 욕심 부리기보다 한 걸음만 더 내딛어 보는 거다. 생각은 미래를 예측하지만, 행동은 미래를 만드는 법이다. 진화하고 있는 당신의 꿈 너머 꿈을 응원한다.

* * *

계획을 지키지 못해도
괜찮은 이유

....

아침에도 바로 일어날 수 없는 나는 천상 게으름뱅이인가 보다. 이불 덮고 애벌레 상태로 가만 누워 있는 게 너무나 좋다. 근데 정말 이러지 않았다. 꽤 부지런한 편이었던 것 같은데 변한 내가 참 당황스럽다. 영화 〈인사이드 아웃〉를 볼 때만 해도 '기쁨이'가 '슬픔이'를 작은 원에 가두고 절대 나오지 못하게 하는 그 장면은 나와 상관없다고 생각했는데 말이다. 이래서 뭐든 자신해서는 안 되는 모양이다. 영화에 '기쁨이'와 '슬픔이'가 있다면 내겐 '뿜뿜이'와 '이불이'가 있다. '의욕 뿜뿜의 나'와 '이불 속 안에만 있고 싶어 하는 나'다. 예전에는 기쁨이가 슬픔이를 관리하듯 뿜뿜이가 내 일상의 대부분을 살아냈는데 지금은 완전 반대다. 많아야 일주일에 이틀 정도만 뿜뿜이를 만날 수 있다. 불과 몇 년 전의 나인데 왜 이렇게 변한 것일까? '나이가 들어서'로 그냥 덮어두기에는 용납할 수 없다. 그럼 앞으로 남은 평생 이렇게 우울하고 게으르게만 살아야 하는 건데 이건 아니다.

다 나의 모습임에도 솔직히 편애했나 보다. 의욕 뿜뿜의 나만을 인정해주고 칭찬해주고 그것이 나라고만 여겼다. 그랬을 때만 성과가 있었고 사회적으로 인정받았으니까. 열심히 해서 결과물을 내는 모습의 내가 좋았다. 계획한 대로 시작하면 끝을 봤고 착착 진행해 나가는 모습이 뿌듯했다. 그래서 무작정 무엇이든 배웠고, 많이 알고 싶었고, 지식욕이 폭발했다. 다시 그런 내가 되고 싶었다. 이불이를 몰아내고 뿜뿜이를 데려오고 싶어 애를 썼다. 일단 저지르면 어떻게든 되지 않을까. 그래서 뿜뿜이가 잠시라도 찾아올 때면 계획을 세웠다. 하지만 내가 또 마주한 건 실패 때문에 나온 '이불이'였다. 벌여만 놓고 수습이 안 돼서 자존감만 떨어졌다. 이제는 아주 배짱이 늘고 철면피가 되어서 외부적인 압력을 가해도 움직이지 않는다. 애를 쓰면 쓸수록 자꾸 뿜뿜이는 숨고 창피한 이불이는 자유를 얻었다. '왜 이렇게 뭔가를 꾸준히 못하고 벌여 놓기만 하고 끝을 못 맺고 실천을 못하는 거지?' 예측 불가인 나, 이랬다저랬다 하는 나, 시작만 잘하는 나… 이런 내가 너무나 답답했다. 계획이 잘못되었나 보다.

매번 실패하면서도 왜 계속 뭔가를 도모했을까. 『미래 중독자』

의 저자 다니엘 밀로는 인류가 상상력을 발휘해 '미래'라는 시간 개념을 발명한 후, 인간에게 숙명처럼 불안이 따라왔다고 했다. 동물들과 달리 일어나지 않은 일을 현실처럼 느끼며 고통받는다는 것이다. 난 그 불안을 잠재우기 위해 계획을 세웠었나. 뿜뿜이를 미래에도 보내서 잘할 거라 믿고 싶었고, 또 이미 이루어 놓은 것 같은 착각을 느끼며 현재 나의 무기력한 모습을 잊고 싶었던 것 같다. 돌이켜보니 현재 행동을 하기보다 미래에 지금 할 행동 하나를 미뤄놓고 안심했던 거다. '이불 속 안 버전의 나'는 아무거나 먹고 세심하게 내 감정을 들여다봐주지 않은 행동들의 합으로 나타난 걸지도 모르겠다. 그동안 진짜 원인, 핵심을 돌보지 않고 내버려 둔 결과일지도. 그럼 계획은 필요가 없는 걸까? 아니다, 꼭 필요하다. 계획을 세운다는 건 인생을 주도적으로 살아가고 있다는 가장 중요한 증거이니까. 다만, 뿜뿜이가 자기 멋대로 세운 계획이 문제였던 거다. 의욕 과다 상태에서 목표를 세우면 항상 해내지 못하는 나만 마주할 뿐이다.

자유로운 민주주의 세상에 독재자가 웬 말인가. 시대가 바뀌어 다양한 국민들이 더 많아졌다. 맘에 들지 않다고 싹 다 이민 보내거나 없애버릴 수 없다. 그럴수록 더욱더 굳건해지는 법이니까. 이 무기력과 우울함은 없앨 수 없다. 데리고 살아야 한다. 현명한 리더가 되어야겠다. 그다지 맘에 들진 않지만 그의 의견을 꼭 반영하고 이야기 나누기로 말이다. 그래서 이제 나는 매우 세심하고 유연한 계획을 세운다. 시간대별로 빡빡하게 수많은 계획을 세우는 그 세심함이 아니다. 싫어하고 무시했던 이까지 배려하는 세심함이다. 뿜뿜이는 내일 당장이라도 10킬로미터를 뛸 수 있을 것 같고, 새로운 저서도 일 년에 2~3권씩 써낼 수 있을 만큼 에너지가 가득하다. 하지만 이불이는 역시나 이불 밖을 나올 수가 없다. 이불을 살짝 들어 침대 밖으로 나오는 것도 큰 용기를 필요로 하는데 어떻게 뛰고 글을 쓰느냐 말이다. 매일 글을 써야겠다고 마음먹었을 때 처음부터 매일 3시간씩 한 꼭지를 완성하는 것은 쉽지 않다. 하지만 '노트북을 열어 한 문장만 쓰기' 정도는 이불 속 안의 나도 할 수 있지 않을까.

"얘, 이불아! 네 생각은 어때? 가능하겠니?"

"음… 아오, 부담되는데. 음… 그렇게 간절한 눈빛으로 쳐다보면 더 부담스러운데. 음… 그럼 맨날 키보드 위에 손은 올려볼게. 근데 한 단어, 한 줄밖에 못 쓸지도 몰라."

계속해서 대화하며 번아웃이 오지 않을 정도의 업무량은 어느 정도인지, 내가 매일 글을 쓰려면 어느 정도까지 버티는지 나의 글쓰기 에너지 레벨을 파악하는 힘을 기르는 연습 중이다. 이불이에게 전적으로 맞출 순 없지만 이불 속 안에만 파묻혀 있는 무기력한 나도 도전해봄직한 목표를 생각해본다. 무시하거나 방치하거나 내버려 두는 게 아니라 격려해본다. 같이 가려고 노력할 때 이불이도 문을 열고 나와 슬픔의 순기능을 보여줄 테니. 슬픔은 문제의 원인이 아니라 문제를 해결하는 데 필수적인 감정이니까.

계획을 세운들 지킬 수 없는 계획은 마음에 불안과 초조함, 조급함만을 가져왔다. 그 굴레에서 벗어나는 데 너무 오래 걸렸다. 물론 지금도 못 지키는 계획이 많지만 이불이를 데리고 살아야 한다는 건 확실히 알았다. 몰아치면 되는 게 아니라 구슬려야 가능하다는 것, 그리고 본질에 집중하며 그 방향을 잃지만 않는다면 방법은 바뀌어도 된다는 것 말이다.

그래서 굳이 계획을 남들에게 이야기하지 않기로 했다. 내뱉은 말을 지키려고 노력하는 것도 너무나 멋진 일이지만 공언을 통해 찾아오는 스트레스는 나를 더 옥죄어 왔다. 자신의 말을 지키지 못하는 사람이라는 것 때문에 남의 평판에 신경 쓰느라 오히려 쓸데없는 데 에너지를 쏟고 있었다. 남들에게 이야기하는 대신 뿜뿜이, 이불이와 이야기를 많이 하는 게 훨씬 나은 것 같다.

지금은 제법 이불이와 친구가 된 것 같다. 이불이 덕분에 차분하게 생각도 해보고 뿜뿜이만 있을 땐 보이지 않던 것들도 보인다. 뭐든 최대치로 하지 않으니 조금의 여유도 가질 수 있게 되었다. 가만히 있어도 괜찮구나. 조금씩만 해도 완성할 수 있구나. 이제 계획에 목숨 걸지 않아야지. 멈춘 틈에 찾아올 무언가를 기대해본다. 존 레논의 노랫말처럼 '인생이란 정신없이 다른 계획을 세우고 있을 때 너에게 일어나는 일'이니까.

자신을 증명하려
애쓰지 말 것

* * *

················

모든 걸 다 가지고 해내고 싶었던 때가 있었다. 목표로 가득한 버킷리스트를 만들고 하나씩 성취해낼 때만 살아있다고 느꼈다. 어느 날은 다 할 수 있을 것 같다가도 얼마 지나지 않아 또 아무것도 할 수 없을 것 같은 마음이 들었다. 앞으로 뭘 하며 살아야 할지 어떻게 살아야 할지 혼란이 가득했다. 이때의 나는 아이러니하게도 '무엇이든 할 수 있다, 아무것도 할 수 없다'는 말들을 내뱉었지만, 모두 나약한 마음에서 나온 말들이었다. 무언가를 해내고 가져야만 인정받을 수 있다고 생각했기에 현실 도피하듯 먼 곳을 보며 달리기만 했다.

불안을 조장하는 사회에서 살아가고 있어서인지 많은 이들이 더 큰 세상에서 더 많은 사람에게 관심받고 증명받길 원한다. 안타깝게도 숫자로 증명되는 영향력이 곧 자신의 가치가 된다고 믿는다. 말 그대로 인플루언서가 되기를 원하기에 SNS상에서 팔로워 수를 늘리고자 노력하고, 인플루언서 마케팅을 하며 수익을 창출하는 것이 주부들의 꿈이 되고, 초등학생들 사이에서는 유튜버가 인기 장래희망이 되었다. 현실에서는 입을 닫고 살며, 익명의 누군가에게는 잘 보이고 인정받고 싶어 하는 모습들을 볼 때면 뭔가 거꾸로 돌아가는 것 같다.

공원에 조깅을 나갔다가 아이들이 호수에서 물수제비 놀이하는 것을 보았다. 가만 보고 있노라니 자연의 섭리가 그 안에 있었다. 호수의 잔잔한 물 위에 돌멩이를 하나 던지니 퐁당 하는 소리와 함께 물결이 동심원을 그리며 수면 위로 번져 갔다. 중심에서부터 시작된 작은 원은 바깥으로 더 큰 원이 되어 뻗어갔다. 물결이 번지면서 마루와 골을 만들어냈고 그 무늬는 문자 그대로 '파문波紋'이 되었다. 수면에 이는 물결은 사그라질 때까지 번져 나갔다. 그렇다. 영향은 이렇게 미치는 거였다.

생각도 안에서 바깥으로 꺼내야 진짜 공부가 되듯, 존재 이유를 증명하고 싶다면 가장 안쪽에서부터 시작해야 한다. 세상에는 나의 도움을 필요로 하는 이들이 있다. 그중에서도 우선순위는 매일 얼굴을 보고 수시로 말을 건네며 바로 내 손이 닿고 직접 눈을 보며 소통할 수 있는 사람들이다. 직접 얼굴을 맞대는 이들에게 사랑과 관심을 전하는 것이 먼저다. 혹여 무언가를 줄 수는 없을지라도 비참하게는 만들지 않을 수는 있다. 칭찬 한마디는 못해도 긍정의 눈짓은 해줄 수 있으며, 위로까지는 못 해줄지라도 잠깐 침묵하며 곁에 있어 줄 수는 있을 것 같다. 가족이나 친구, 이웃이라 불리는 이들에게 집중할 때에는 세상의 인정을 받기 쉽지 않지만, 존재 이유는 타인이 아니라 내가 증명하는 것이니까. 파문의 시작은 중심부터다. 동심원을 그리며 안에서 바깥으로 잔잔히 퍼져 나가는 것처럼 중심에서 가까운 한 영역에서 작은 변화를 만들어 낼 수 있다면 이것은 일, 사회 등 점점 더 큰 영역의 변화도 동시에 가져올 수 있다고 믿는다.

지금 내 손이 닿는 곳, 가까이 있는 이들에게서부터 최선을 다하고도 사그러들지 않을 때 그다음 마루와 골이 생기며 좀 더 큰 물결로 번져갈 수 있다. 안을 채운 후 바깥으로 나가는 자연의 섭리를 행동으로 옮기는 이가 비로소 진정한 인플루언서다. 증명하려 애쓰지 않아도 우리 모두는 충분히 사랑받을 수 있는 존재다. 하지만 혹 더 많은 이들에게 큰 영향력을 행사하고 싶은 꿈을 가졌다면, 지금 이 순간 나의 도움이 필요한 곳에서 시작해 보자. 그대의 기쁨과 세상의 깊은 배고픔이 만나는 곳이 당신이 있어야할 곳이니까.

★ ★ ★

미래의 자신을
응원하라

....

"20대로 돌아가고 싶진 않으세요?"

강연이나 사석에서 만난 청춘들이 종종 질문하곤 한다. 나의
대답은 한결같다.

"아니요, 절대."

다들 화들짝 놀란다. 이런 대답을 하는 사람은 처음 봤다고. 하
지만 내 주변에는 이런 대답을 하는 지인들도 여럿 있다. 더 에너
지가 넘치고 체력도 좋고 건강이 좋은 그 순간이 그립지 않느냐
는 건데, 주름도 없고 재생도 빠른, 순환도 잘 돼서 소화도 잘 되
고 몸도 붓지 않는 개운한 하루라니 생각만 해도 좋다. 물론 그런
면은 너무나 부럽지만, 지금은 알고 있으나 그때는 몰랐던 소중

한 교훈들을 포기하고 그 나이만으로 돌아가고 싶진 않다. 인생은 한 방이라는 말은 내겐 적용되지 않았다. 또다시 하나씩 차근차근 쌓아 올릴 생각을 하면 까마득하다. 타임머신 기계가 상용화되어도 사용할 자신이 없는 쪽보다. 무엇보다 그때의 나 자신보다 더 열심히 잘 살 자신이 없다. 같은 선택을 할지라도 더 좋은 결과가 나오리라는 보장을 할 수 없지 않나. 또 긴 시간 동안 켜켜이 쌓은 추억들은 좋든 나쁘든 다 내 것이다.

수천만 분의 일이라는 확률로 수많은 일이 쌓여 지금이 만들어졌고 그런 확률로 10년을 함께한 아이들이 태어났다. 영화 〈어바웃 타임〉에서는 시간을 돌렸다 현재로 돌아오니 난생처음 본 아이가 아빠라고 불렀다. 눈을 감아도 선명히 그릴 수 있는 존재는 어디 가고 다른 아이가 내 자식이 되는 걸 확인하는 주인공을 보며 눈물이 주르륵 흘렀다. 오감을 넘어 육감을 통해 얻은 기억들로 수많은 점을 찍어가고 선으로 이어가며 '나'라는 사람이 만들어지나 보다.

혹 그때로 돌아가면 20대부터 작가를 하겠냐고 묻는 청중들도 있다. 물론 능력이 출중한 젊은 신인 작가로 승승장구할 수 있다는 보장만 있다면 진짜 꽤 끌리긴 하는데, 아무리 좋게 봐주려 해도 그런 천재성을 가진 삶은 나랑 거리가 멀다는 것을 잘 안다. 지금의 이 문장도 겨우 쓴다. 생각 하나하나가 수많은 경험과 시간이 쌓여 만들어진 것이기에 다시 돌아가도 똑같이 승무원도 해보고, 초등교사도 해보면서 시행착오를 다 겪어야 하지 않을까. 20여 년 전 젊은 날의 나는 무서울 것이 없었고 생각과 행동도 빨랐다. 동시에 너무 어렸고, 패기를 넘어 자만심이 가득했고, 나밖에 몰랐다. 하지만 그렇게 용감무쌍했음을 후회하지는 않는다. 그 시절의 객기와 치기는 앞으로 있을 내 인생에서 유일할 테니까.

알렉산더 대왕은 스물둘에 페르시아 정복 전쟁에 나섰고, 칭기즈칸은 스물일곱에 부족의 칸으로 추대된 후 몽골 통일전쟁을 시작했단다. 나폴레옹이 쿠데타로 집권한 나이는 서른이었으며, 빌 게이츠와 스티브 잡스도 스무 살경에 마이크로 소프트와 애플을 창업했다고. 태조 이성계가 위화도 회군 후 왕위찬탈을 고민하는 사이 스물네 살이던 이방원이 고려의 충신들을 제거했기에 지금의 조선이 있다는 말도 있다. 방향의 옳고 그름을 떠나서 그 나이만의 야망과 열정은 인간이라면 누구나 비슷하다는 생각이 든다. 아이들만의 생동감처럼 인생의 어느 시점에서만 가지는 자연스러움이 있다. 각 세대의 특징들로 이 사회가 움직이는 게 아닌가 싶다. 그래서 젊음은 그 자체로 아름답다고 하는구나.

20대의 어느 날 친구들과 춤을 추며 놀러 다닐 때 '우리 나중에 할머니가 돼서도 이렇게 놀고 싶으면 어쩌지?'라는 고민을 했더랬다. 농담이 아니라 그 당시 우리는 진짜 진지했다. 너무나 신기하게도 지금은 그렇게 놀라고 떠밀어도 전혀 그러고 싶지 않을뿐더러 그럴 체력도 없다. 뭐 받아주지도 않을 테지만. 가고 싶은 마음을 누르며 못하는 게 아니라 내가 원치 않는다. 그래서인지 명약을 찾아 어떻게든 젊음을 유지하겠다는 마음도 없다.

"젊은 날에는 돈이 없어 이 비싼 음식들을 못 먹었는데 지금은 사 먹을 수 있어도 당뇨, 고지혈증 등으로 먹으면 안 되는 몸이 되어 버렸네. 많이들 드세요."

얼마 전 식사자리에서 한 회사 중역분께서 말씀하시는 걸 들으며 만감이 교차했다. 그래서 사람들이 조금이라도 더 젊은 날에 이 많은 것들을 누리려고 갖은 애를 쓰는 건가. 그래서 가진 것을 나누고 살아야 하는구나. 만약 내가 지금 소화도 잘 되고 예전처럼 먹어도 살이 안 찐다면 내가 다 먹어버리겠지? 지금도 그런 게 재미있다면 내가 다 가지고 다 누리려 애를 쓰겠지? 외조부님과 부모님께 수없이 들은 "너희나 많이 먹어라" 하시던 말씀이 이제야 조금씩 이해가 간다.

나이 들어감이 생각보다 꽤 축복인지도 모르겠다. 언젠가 떠날 세상이니 저절로 나눌 수밖에 없는 삶을 살게 될 것이다. 아직 지금도 너무나 젊지만 예전에 비해 아주 조금씩 달라지고 있다. 몸의 노화로 인해 저절로 양보하는 마음이 생기고, 힘이 달려 덜 울컥하며, 건강에 해로운 것을 안 하려고 하는 내 모습이 신기하다. 젊은 날의 열정보다 저절로 욕심을 내려놓는 그 경지가 좀 더 탐이 난다. 노화를 막으며 더 가지려 하지 말고 그 젊음을 응원하는 성숙함을 갖고 싶다. 다음 세대를 위해 자리를 내어주는 것, 나이에 걸맞게 살아야 한다는 말도 이런 의미가 아닌가 생각해본다. 혹 욕심이 앞설 때면 오늘의 마음을 떠올려야지.

그래서 20대로 돌아갈 기회가 생긴다 해도 난 거부하겠다. 돌아갈 수 있어도 돌아가지 않는 내 마음은 체념과 포기인가. 아니다. 오히려 믿음과 응원에 가깝다. 그냥 그 시절의 나를 격려하는 거다. 역사에 기록되는 위인들과 비교해봐야 난 뭐했나 싶지만 나는 나답게 방황하며 잘 산거다. 어떻게든 그 시절을 버텨내 왔음에 기특할 뿐이다. 그 시절을 겪어낸 나에게 또 겪어내는 이들에게 지금의 너보다 더 잘할 수 없으니 힘내라고 얘기해주고 싶다. 원하는 대로 결국엔 다 잘될 것이다. 지금은 답이 안 보일지라도 분명 상상 이상으로 더 멋진 것들이 기다리고 있다. 생을 포기하지 않고 살아내는 것만도 대견하다.

오늘을 살다 보면 과거의 잘못된 실수를 만회할 기회가 주어지기도 하고, 눈곱만큼 잘한 부분을 망쳐놓지 않을 수 있을지도 모르겠다. 아직도 한 겹 한 겹 쌓아 올릴 수 있는 시간이 주어짐에 감사하며, 나는 과거의 나를 응원하고 동시에 미래의 나도 응원한다.

멈출지라도

끌려다니지 않는 인간관계

미농지 같은 사람이
되고 싶다

'나는 무슨 색일까?'

딸이 "엄마는 좋아하는 색이 뭐야" 하고 물어보면 보라색이라고 답하지만, 물건을 살 때면 하얀색이나 투명색을 고른다. 예쁘게 나오는 보라색 옷은 찾기 힘들고, 매번 보라색을 입을 수 없으니 베이지, 남색 등의 무난한 옷들을 고른다. 뮤트 톤이라 부르는 회색을 많이 탄 듯한 차분한 파스텔 컬러의 색들도 좋다. 만년필 잉크는 짙은 보라와 남색, 청록 계열을 오간다. 퍼스널 컬러를 체크 받으면 여름 쿨톤이 나오는 경우가 많아 액세서리는 대부분 백금 정도의 색을 고른다. 시간이 지남에 따라 변해가겠지만.

물건과의 만남일 때에는 이렇게 다양한 색을 오가지만, '나는 어떤 색깔의 인간일까?'라는 고민을 할 때면 '회색 인간'이라는 말이 떠오른다. 재미로 보는 색깔에 비유하는 다양한 심리테스트들을 보면 예쁜 색도 많던데 왜 난 하나도 어울리지 않는 느낌인 건지. 회색 인간은 검은색, 흰색 그 어디에도 속하지 못하고 항상 경계에 있는 인간이다. 좌우에서 환영받지 못하는 사람이다. 지금은 '아싸(아웃사이더)'라는 용어가 있고, 내향적인 사람들도 이를 당당히 드러내기도 한다. 나는 그렇지 못했던 것 같다.

사회 안에서 단체생활을 할 때면 어떤 그룹에건 속하게 된다. 겉으로 잘 융화된 듯 보였을지 모르겠다. 하지만 그 단체가 나라고 느낄 만큼 똑같다는 느낌을 받지 못해 푹 빠져들기는 쉽지 않았다. 마음속 한구석에는 항상 다름을 느꼈고 어색했다. 공부를 열심히 하는 친구들 쪽에 속했으나 지루한 모범생이 되기는 싫었고, 신나게 놀기만 하는 친구들에 속하기엔 그럴만한 배짱도 없었다. 승무원이나 초등교사를 할 때도 마찬가지였다. 여기 붙었다 저기 붙었다 영 간신배 같은 느낌이라 별로였다. 박쥐 같았달까. 『회색 인간』 소설처럼 즐거움을 느끼지 못하는 사람까진 아니지만 경계 어딘가에서 맴돌며 외로웠다.

지금은 각 개인이 모두 다 다르며, 나와 모든 것이 100% 똑같은 사람은 존재하지 않는다는 것을 안다. 각자 자신만의 색깔을 갖고 살아가기에, '다름'이 관계의 매력이라는 것도 느끼고 있다. 난 그냥 내향인의 특성을 가진 사람일 뿐이다. 장점을 강화시키고 단점을 보완하면 되는 거다. 이제 어린 시절처럼 낯을 가리지도 않으며, 처음 보는 수백 명의 청중들 앞에서 강연도 제법 능청스럽게 한다. 밖에서 에너지를 많이 써도, 집에 돌아와 혼자 재충전하는 법을 알아냈으니 회색 존에 있어도 이제 괜찮다. 이분법적인 논리 안에서 항상 어느 하나에 속하기 힘들었던 나지만 이제는 그냥 그것도 나일 수 있겠구나 싶다. 겉으로 보이는 게 다가 아니라는 것을. 어떤 단어 하나로 날 규정짓기 어려웠기에 그렇게 닉네임 정하기가 힘들었었다는 것도. 어딘가에 속하고 싶었지만, 항상 그들과 달랐다는 것이 오히려 내 색깔일 수 있겠구나 싶다. 회색은 진한 빨강이나 파랑처럼 쨍하지 않고, 명도와 채도는 낮아 존재감은 떨어진다. 하지만 여러 가지와 섞이기 좋은 그런 색이다. 옅은 회색은 초록색과 만나도 톤 다운된 옥색이 되고, 파란색과 만나면 차분한 하늘색이 된다. 내가 좋아하는 뮤트 컬러들 같다. 어쩌면 난 밝은 회색인 건가. 검은색과도 잘 어울리고 흰색과도 잘 어울리는 경계의 아이들. 사람들 사이를 연결하는 다리가 될 수 있지 않을까.

단번에 보이지 않는 것도 계속 살피다 보면 알아낼 수 있을지도 모른다. 나는 어떤 사람인지, 어떤 결의 사람과 어울릴지. 찔끔찔끔 좋아하는 마음도 지속되고 반복되다 보면 일관된 경향성이 보이게 마련이다. 두께나 농도와 상관없이 뭔가 이어지고 있는 걸 찾아보는 거다. 오롯이 나 자신이 쌓아 올린 그 한 겹 한 겹도 모이면 무늬가 될 거다. 여러 겹으로 이루어진 페스츄리나 크로와상 같을지도 모르겠다. 얇디얇은 반죽 하나는 별맛이 없지만 한 번에 크게 한 입 베어 물면 풍부한 식감이 느껴진다. 별거 아닌 것들도 쭉 모아보고 나면 후천적으로 만들어진 나를 발견할 수 있지 않을까.

어린 시절 쓰기 책에 기름종이를 붙여 글자를 따라 쓰던 게 떠오른다. 트레이싱지, 기름종이, 미농지, 트레싱 페이퍼, 습자지, 포장용지 등 수많은 이름으로 불린다. 혼자일 때에는 존재감이 없지만 이 투명종이도 2~3장 이상 덧대다 보면 불투명해진다. 자신만의 색이 없어 보이지만 여러 겹 만나다 보면 이 얇디얇아 보이는 종이도 제법 예쁜 시럽 색이 된다.

'미농지'는 일본 기후현의 미노 지방의 특산물인 데서 생긴 이름이란다. 투명종이라는 의미는 전혀 없지만 그래도 꽤 맘에 든다. '닥나무 껍질로 만든 썩 질기고 얇은 종이'라는 뜻이란다. 질긴데 얇다니 앞뒤가 안 맞고 영 어디에도 속하지 못하는 것이 꼭 나랑 닮았다. 겉으로 보기에는 그다지 특별할 것 없어 보이는 투명종이지만 여러 겹 겹치다 보면 그 나름의 짙어지는 매력처럼 나도 언젠가 나만의 색을 가진 질긴 종이가 될 수 있겠지. 한자도 매력적이다. 아름다울 미에 짙을 농, 아름다운데 짙고 깊은 종이. 짙을 농은 '색이 짙다. 진하고 맛이 좋다. 깊다'는 뜻을 가졌단다. 어떤 것이든 비춰내고 또 그 위에 무엇이든 써질 수 있는 종이. 깊어

지고 진해질 수도 있는 가능성이 있는 존재. 누군가를 투영하고
누구와도 함께 섞일 수 있는. 네, 절 이제 미농지라 불러주세요.

* * *

연애를
추천합니다

....

"어떤 음식 좋아하세요?"

"쉴 때는 주로 뭘 하세요?"

"요즘 관심 가는 일이 있나요?"

"최근에 본 영화나 드라마가 중에 재밌는 게 있었나요?"

"어릴 때 꿈이 뭐였어요? 뭐 하고 놀았어요?"

"10년 후, 30년 후에는 어떤 모습일 것 같나요?

좋아하는 사람, 아니 조금이라도 관심이 생기는 사람이 생기면 그렇게나 알고 싶어진다. 주제도 중구난방이고, 밑도 끝도 없이 대화가 널을 뛴다. 상대를 알아가고 싶어 온갖 질문이 쏟아진다. 그리고 잘 보이고 싶어서 열과 성의를 다해 머리를 짜내 대답해본다. 그렇게 귀가 뜨거워지도록 전화를 붙들고 대화를 한다. 결론부터 이야기하면 이것 때문에 난 연애 좀 하라고 부추긴다. 그리고 이렇게 서로의 이야기를 풀어내며 '나다움'을 찾아가는 인생 공부를 해나가는 게 진짜 연애라고 강조한다.

왜 꼭 연애냐고 물어본다면 자발적이고 즐거운 마음 때문이라 이야기하고 싶다. 취준생 친구들과의 컨설팅에서도 글쓰기 수업에서도 이런 대화를 한다. 면접 질문도 그닥 다르지 않으며, 상담 치료도 이러한 질문들로 시작된다. 명절에 만나는 어른들 잔소리도 같은 주제다. 말투가 도대체 뭐 해 먹고살려고 그러냐는 핀잔 섞인 호통이 아닐 뿐이다. 수많은 자기계발 에세이나 유튜브 영상에도 이런 주제들이 나온다. 인문고전에서도 똑같은 이야기를 한다. 자신의 경험과 가치관을 이야기한다.

친구들과도 서로를 알아가는 대화는 할 수 있겠지만 이미 너무 다 알아서 선뜻 질문이 나오지 않을지도 모른다. 진지한 대화로 갑자기 분위기가 싸해질 수도 있고, 답이 정해진 것이 아니니 머리도 아파와 그만하고 술이나 먹으라는 핀잔을 들을 수도 있다. 하지만 연애를 하며 대화할 때는 같은 주제임에도 시간이 하나도 아깝지 않고 어렵지도 않다. 오히려 상대와 나를 알아가는 게 즐겁고 스트레스도 없다. 동시대를 살아가는 사람과 진실로 소통하며 나를 발견할 수 있다. 그 힘든 걸 누가 시키지 않아도 시간과 품을 들여 노력한다는 것, 이것이 연애의 참 매력이다.

"전 모태솔로인데요."

청춘들이 웃으며 이런 대답을 할 때면 이메일을 보내라고 이야기한다. 물론 즉석에서 소통하면 훨씬 더 효과적이겠지만, 이메일을 몇 번 주고받다 보면 어떤 방식인지 스스로도 조금씩 깨닫게 된다. 정말 사소한 음식이라는 주제에서부터 취미나 잠버릇, 재테크, 어릴 적 이야기부터 꿈, 인생의 가치관까지. 이야기의 꼬리에 꼬리를 물고 계속 이어나가다 보면 결국 시키지 않아도 신나서 계속 떠들게 되는 그 지점까지 도달하게 된다. 추가 질문을 하지 않아도 눈을 반짝이며 말 없는 사람도 말하게 만드는 지점 찾기. 이게 바로 강연에서 알려주고 싶었던 보물찾기 방법이다. 방법은 별것 없지만 그걸 발견할 때까지 기다리는 게 어렵다. 이것을 해내려면 상대방의 이야기를 경청하려는 태도와 애정 어린 관심이 필수적이다. 그래서 상대에 대한 호감이 요청되는 것이다.

자연스러운 만남을 추구하는 스타일일지라도 소개팅을 많이 해보는 걸 추천해본다. 같은 학교, 같은 직업이 아닌 다른 사람들과의 대화를 통해 우물 안에서 나와 넓은 세상과 다양한 사람이 존재한다는 것을 알게 된다. 직접적인 직업체험은 아닐지라도 실제 그 직업을 가진 이들의 실제 생활을 들어볼 수 있는 좋은 기회다. 진로강의도 찾아 듣는 세상이다. 식사나 차를 함께 하며 일대일로 온갖 질문을 다 할 수 있다니 이렇게 귀한 시간이 또 있을까 싶다. 대화를 나누다 마음이 통해 사랑까지 싹트면 더 좋고.

실제로 연애를 하고 싶어 소개팅을 여기저기 부탁하고 만나볼 때, 의도한 건 아니었지만 큰 공부가 되었다. 정현종 시인의 '방문객' 한 소절처럼 사람이 온다는 건 실은 어마어마한 일이다. 한 사람의 일생이 오기 때문이다. 누군가를 알아간다는 건 새로운 세상을 만나는 소중한 공부다. 꼭 연애를 하고 결혼을 하기 위해서라기보다 낯선 직업군이나 다양한 지역의 사람들을 만나 친구가 된다는 일은 너무나 흥미로웠다. 새로운 취미 동아리를 찾아 떠나거나, 여행을 떠나 세계 각국의 다른 문화권의 사람들을 만나보는 것도 사고의 지평을 넓힐 수 있는 좋은 기회다.

연애가 여의치 않아 인위적으로 보물찾기를 하고 싶다면 인터뷰 준비를 위해 모인 팀원들과 다양한 예상 면접 질문들에 대해 답해보는 것도 추천해본다. 스터디로 모였으니 억지로라도 머리를 쥐어짜며 답변을 해나가는 과정에서 말하기 연습은 물론 생각을 명료하게 정리할 수 있다. 특히 미디어나 가족, 성장과정 등 외부에서 주입된 것을 걷어내고 내 생각들을 마주해 볼 수 있는 시간이 된다면 더할 나위 없겠다.

연애에 대해 인생 선배들은 약속이나 한 듯이 많은 사람을 만나봐야 한다고 말했다. 공부에 직장생활에 나 혼자 쉴 시간도 부족한데 사람 만날 시간이 어디 있나. 심지어 사람의 마음은 하나다. 동시다발적으로 만나기는커녕 한 명과도 진지하게 소통하며 같은 방향과 속도로 마음을 나누는 일이 내겐 참 어려웠다. 연애나 사랑에 관한 책을 보며 스스로 내린 결론은 '내가 무엇을 원하는 건지, 내 생각을 먼저 정립하자'였다.

내가 어떤 사람인지 모르면 나랑 잘 맞는 사람이 누군지도 알 수 없다. 모르면 자율성이 가장 많이 요구되는 인생의 사랑까지도 누군가에게 끌려갈 수밖에 없다. 부모님과 같은 외부 압력이 아니어도 부, 권력 등 강력한 가치에 압도당하는 이야기는 수많은 드라마의 단골 소재가 아닌가. 그러니 꼭 연애라는 목적을 넘어서라도 많이 만나보는 걸 이야기하나 보다. 혼자 고민한다고 나를 알 수 있는 게 아니니 타인과의 대화를 트리거로 사용하는 것이다. 동네 친구들이나 직장동료와의 일상적인 대화에서도 넌지시 고민하던 주제에 대해 운을 띄워보는 건 어떨까. 모두가 관심 없어 하면 또 다른 주제로 넘어가면 될 테니. 그러다 하나라도 깊게 파고 들어가며 흥미를 갖고 이야기 나눌 수 있는 분야를 알아가게 된다면 서로에게 이미 값진 시간이다. 지인들과의 만남도 그렇게 색다른 기대감으로 가득할 수 있다.

학교에서는 아무리 토론 수업이라고 해도 다양한 의견을 수용하는 것은 쉽지 않았다. 선생님으로서의 한계가 느껴졌던 지점이다. 평가를 위해 정답이 존재할 수밖에 없으나, 실제 세상은 그렇지 않더라. 내가 생각한 하나의 정답 외에 다른 것들도 존재한다는 것이야말로 의무교육 기간 이후 배워야 할 핵심이다. A라는 생각에는 동의하지만 B는 아닌 것 같다고 느낀다면, 이제 그 이유를 찾을 때다. 그리고 그 수많은 것 중 내가 생각한 정답은 뭔지 알아낼 수 있으면 좋겠다.

많은 사람의 이야기를 듣고 대답하며 소통의 기술은 덤으로 익혔을 것이고 이제 가장 중요한 마지막 단계까지 왔다. 수많은 주제를 관통하는 나의 세계관을 찾는 일이다. 주제가 바뀌어도 자신이 일관되게 유지하는 생각들이 보일 것이다. 같은 사람일지라도 오늘의 기분이 다르고 내일의 기분이 다르다. 먹는 음식도 듣고 싶은 노래도 달라진다. 하지만 그 표면 아래 깊이 잠겨있는 세상을 바라보는 프레임은 같다. 그것을 찾아야 한다. 성향은 다를지라도 깊숙한 내면의 사고방식이 비슷해야만 관계에 있어 갈등을 줄이고 타협도 가능하다고 믿는다. 그리고 그 세계관을 알게 되는 것이 한 사람을 진실로 알아가는 과정이다. 물론 바뀔 수도 있고 더 성숙한 관점으로 다듬어질 수도 있겠지만 우선 발견을 해야 다듬을 수 있지 않을까.

얼마 전 신문에서 '지적 겸손'에 대한 칼럼을 읽으며 매우 공감했다. 나도 틀릴 수 있다는 열린 마음이 지적 겸손인데, 지적 겸손이 부족할 때 나오는 대표적인 행동 반응 중 하나는 타인을 무시하는 공격적인 반응이고, 다른 하나는 반대로 진정성 없이 빠르게 상대방의 주장에 동의하는 행동을 보이는 것이란다. 자신만 옳다고 하는 사람은 실제로 지적 겸손은 물론 자기 확신도 약한 사람이다.

난 소개팅에서 뭐 먹고 싶냐는 질문에 '아무거나'라고 답했던 사람이었다. 그게 상대방을 위한 배려라는 핑계로 생각하는 것이 귀찮은 마음을 숨겼다. 자신의 생각을 꺼내는 것보다 타인에게 끌려가는 것에 익숙했었다. 그러니 그 쉬운 음식 메뉴 정하기에서도 타인의 의견에 빠르게 동의했던 편이었던 거다. 나와 같은 경험과 고민을 가진 이들이라면, 그래서 연애에 어려움을 겪고 있다면 오늘부터 시작해 보자. 물론 심연에 숨어있는 세계관을 처음부터 공략할 수 없으니 차근차근 표면에서부터 내려가는 것을 추천한다. 대화가 어렵다면 빈 종이에 끄적거리며 자문자답해도 좋다. 질문을 던지기 가장 쉬운 것부터 시작해야 한다.

'오늘은 뭐가 먹고 싶나?' 먹는 걸 안 좋아한다면 '오늘은 어떤 음악을 들을까? 오늘은 무얼 먹었나? 그중에서 가장 인상적이었던 건 무엇인가?' 이게 좋았고, 그건 별로였다. 왜 좋았는지, 왜 이것을 아니라고 말하는지 답해보자. 난 언제 이런 음식이 생각이 나는지, 상황에 따라 다른 음식이 생각이 나는지, 주로 먹고 있는 음식은 과연 나의 컨디션을 최고로 만들어 주는지 살펴보는 거다. 분명 이때는 이랬는데 왜 지금은 다른 건가, 이 논리적 모순은 어디에서부터 오는 걸까 찾아볼 수 있기를. 이렇게 첫 단추를 끼워나가다 보면 내 인생의 주인이 되는 경험을 할 수 있을 것이라 확신한다. 물론 연애를 잘하게 되는 건 덤이다.

선을 넘지 않고
정성껏 들어주기

아이들이 큭큭거리며 책을 본다. 제목을 보니 웬 '오지랖'이라는 글자가 눈에 들어온다. 『오지랖 도깨비 오지랑』이다. 뜨끔한 마음은 잠시, 보라색 털 귀마개를 한 귀여운 도깨비에게 호기심이 생겼다. 주인공 오지랑은 아이들의 마음속 소리가 들려 다마가 귀마개를 끼고 산다. 이런 능력 따위 쓸모없다고 외치지만, 막상 오지랖을 부리지 않고는 못 견딘다. 아이들의 속상한 마음을 수용해주고 공감해주며 친구가 된다.

오지랖이라는 말은 겉옷의 앞자락을 말한다. 그만큼 남을 배려하고 감싸는 마음의 폭이 넓다는 뜻이다. 오지랖은 찰지력察知力을 바탕으로 한다. 찰지력은 멀리에서 달려오는 선수를 보지 않고도 알아차리는 스포츠 능력을 일컫는 용어다. 선수들 간에 부딪칠 빈도가 높은 축구나 격투기에서 많이 요구되는데 일상생활에서는 센스 있다는 말로 쉽게 표현할 수 있다. 찰지력이 뛰어난 사람은 누구보다도 재빠르게 주변을 파악한다. 남들이 미처 깨닫지 못하는 사이에 상대방의 기분과 주변의 상황, 그리고 앞으로 일어날 일에까지 생각을 뻗어간다. 도깨비 오지랖에게는 찰지력이 있어 오지랖을 부렸던 거다.

말 못 하는 아기의 수많은 욕구를 알아차리고, 사회를 이루어 소통하며 살아가는 인간에게는 꼭 필요한 능력이다. 인간과 AI를 구분 짓는 차이점이랄까. 몇 초 만에 장편의 글을 뚝딱 써낼지라도 AI는 육감에 가까운 찰지력이 없기에 오지랖을 부릴 순 없다. 행간에 들어간 독자와 작가 저마다의 각기 다른 감정은 결코 알아낼 수 없을 거다. 그만큼 찰지력은 사람에 대한 애정을 전제로 한 사랑의 능력이다.

마음의 폭이 넓다는 그 아름다운 말이 어쩌다 부정적인 의미로 쓰이게 되었을까. 말하지 않아도 타인의 마음에 다가가는 건 과연 나쁜 걸까. 어쩌면 그 마음보다 방식에 문제가 있는 걸지도 모르겠다. 누구나 참견하는 건 싫어하니까. 누구에게나 자신을 보호하고자 하는 선이 있다. 나도 수많은 인간관계에서 시행착오를 겪어오며 방어선이 생겼다. 누군가는 엄청 큰 동그라미의 중심에서 작게 숨어있을 테고, 나처럼 글을 써서 속을 드러내게 되는 사람은 좀 작은 원에 꽉 차게 들어있는 편일 거다. 그래서인지 동그라미를 더 크게 그려서 심리적 거리를 넓히고 싶은 충동을 수시로 느낀다.

우리는 암묵적으로 그 경계를 침범하지 않기로 합의했다. 그런데 과도한 관심과 사랑이라는 이름으로 선을 넘는 행위를 하다 참견쟁이 오지라퍼가 되는 거다. 하지만 오늘날과 같은 개인주의 사회에서는 오지랖이 넓은 것보다 너무 좁은 게 문제다. 선을 넘지 않으면서도 따뜻할 수는 없을까. 건강하고 아름답게 오지랖을 부릴 순 없는 걸까.

얼마 전 지인의 집에 갔다. 화려하진 않아도 깨끗하고 정갈한 것이 딱 그녀의 집이었다. 편안했다. 한입 크기로 썰어 먹기 쉽게 내온 요리도 그랬다. 소박함 속에 정성이 가득했다. 시시콜콜한 일상 이야기부터 다소 어려운 이야기까지 줄줄 쏟아내고 왔다. 나를 보호하던 동그라미 선 안까지 그녀를 들이는 나를 발견했다. 내가 꽤 말을 재밌게 하는 사람 같다는 착각도 들었다. 나만 그런 게 아니었다. 모임의 다른 지인들도 다 그랬단다. 왜 그랬을까. 야마네 히로시의 저서 『HEAR 히어』를 읽다가 단서를 찾았다. 그녀는 이야기를 참 잘 듣는 사람이었다. 그것도 아주 정성껏 들어줬다. 그렇다. 선을 넘지 않고도 함께 할 수 있는 방법은 듣기에 있었다. 듣기만 해도 소통이 되는 거였다. 이야기를 듣는 목적은 상대를 평가하는 게 아니라 수용하고 공감하는 데 있기 때문이니까.

　성별과 나이를 넘어 이 세상의 모든 생명체는 존중받고 대접받기를 원한다. 말하지 않아도 자신의 기분에 동조해주길 바라며, 자신의 상황을 알고 파악해주길 원한다. 기본적인 생존 욕구 외에도 아기들은 다양한 표정과 행동으로 의사를 표현한다. 말을 하는 아이들도 마찬가지다. 초등학교에서 한 반에 서른 명이 넘는 아이들은 저마다 다양한 방식으로 선생님께 자신의 의사를 밝혔다. 그리고 그것이 받아들여질 때 소중한 존재임을 느낀다.

　'이런 질문을 하는 것을 보니 오늘따라 유독 관심받고 싶구나. 오늘 아침 부모님께 혼났나 보네. 지금 기분이 안 좋구나. 눈빛을 보니 칭찬받고 싶나 보다. 오늘 새 옷 입은 것을 자랑하고 싶은 것이구나' 사랑하고 아끼는 아이들이다 보니 감정과 의사가 눈에 보여 보듬어줬다. 정성껏 들어준다는 건 그들의 마음을 수용해주는 거였다. 판단하지 않고 정죄하지 않았다. 온전히 인정하고 이해하려 노력할 때 그들과 가까워질 수 있었다. 그때 나의 오지랖은 참견이 아니라 사랑이 되었다. 그리고 어떠한 백 마디 말보다 교육 효과는 컸다.

　이 세상은 점점 고립시키는 방향으로 흘러간다. 영화도 다 같이 보는 게 아니라 혼자 보고, 밥도, 술도 혼자 먹는다. 혼자 있으면 남 신경 안 쓰고 편하기도 하다. 하지만 그만큼 나도 모르는 사이에 고독감, 소외감, 상실감에 익숙해져 자신을 해치고 있을지도 모른다. 홀로 살아가기에 불완전한 우리는 관계의 친밀함을 심화시켜야만 건강한 삶을 살아갈 수 있다. 깊이 있고 의미 있는 관계를 맺는 가장 쉬운 방법은 정성껏 듣기다. 그가 내 앞에 있을 때는 전심을 다해 그 사람만 보는 거다. 뭔가를 알려주고 싶어도 참고, 평가하지 말고, 궁금한 게 있어도 잠시 참고, 상대방의 말을 끊지 않고 들어본다. 들을hear 때에는 여기here에 충실해 보자. 어쩌면 이 순간이 다시는 오지 않을 수도 있다는 생각으로 최선을 다해서 선은 넘지 않되 아름답게 오지랖 부릴 수 있기를.

* * *

상처는 피하기보다
기꺼이 마주할 것

....

주체적인 사람이 멋져 보이는 이유는 뭘까. 소설을 봐도, 드라마를 봐도, 신문기사를 봐도 그런 사람만 눈에 들어온다. 그 사람들은 원래부터 그렇게 자신의 인생을 잘 살았나? 아니다. 물론 원래부터 나답게 잘 사는 사람도 있겠지만, 재미가 없다. 변화가 없으니 깨달음도 없다. 그러니 나눌 만한 이야기가 되려면 과거가 있다. 부모에게 의존하며 살기도 하고, 힘이 센 사람들에 의해 끌려다니고, 가까운 친구에게 배신을 당하고, 연인에게 뒤통수를 맞는다. 사람에게만 끌려다니는 줄 알았더니 정작 중요한 건 자신의 속마음에 끌려다니지 않아야 한다는 것까지. 내 인생의 진짜 주인이 되어 살아가는 건 정말이지 말만큼 쉽지 않다. 죽을 때까지 과정이 될 뿐 완성도 없다. 그래서 평생 추구할 만한 인생의 기준이 될 수 있다고 믿는다. 끊임없이 발버둥 치다 보면 선택의 기회는 항상 주어지는 법이다. 노력하는 자에게 주어지는 면류관 같은 것이랄까. 끌려다니지 않고 자신만의 삶을 살기 위해 노력하는 사람을 저절로 응원하게 된다.

왜 그런가 곰곰이 생각해보니 내가 그렇지 못해서다. 끌려다녔을 때의 내 모습이 너무나 힘들고 고통스러웠기 때문이다. 그 고통 중에서도 최고봉은 사람이었다. 가장 큰 상처는 사람으로부터 온다. 솔직히 난 인간관계에서 특별한 어려움을 겪지 않았다고 생각했다. 일상 속에서 갈등을 빚는 일이 드물기 때문이다. 특별히 싸우지도 않고, 누군가로 인해 머리를 쥐어뜯지 않으니까.

'기억을 어딘가에 잘 감추었다 해도, 깊은 곳에 잘 가라앉혔다 해도, 거기서 비롯한 역사는 지울 수는 없어.'

하지만 무라카미 하루키의 『색채가 없는 다자키 쓰쿠루와 그가 순례를 떠난 해』를 읽고 깨달았다. 나름 극복했기 때문에 괜찮다고 느꼈을 뿐, 내게도 그 상처가 사라지진 않았다는 것을 말이다. 이제야 겨우 딱지가 앉은 상처를 열어젖히고 싶지는 않지만, 소설 속 쓰쿠루처럼 순례를 떠나자면 수년 전으로 거슬러 올라가야겠다. 더 오래된 기억들은 이름마저 선명하지 않지만, 아직도 이름을 떠올리기 싫은 사람이 있다. 내 마음속에서 몇 년 동안이나 악인으로 살았다. 나중에는 미워하는 마음도 관심이니 절대

악으로 치부하기도 싫어졌지만. 하나를 생각하니 줄줄 떠오른다. 내가 겪은 상처들은 대부분 믿었던 도끼에 발등이 찍혔을 때였다. 자존심이 상하지만 그래도 속 안까지 다 아물었는지 보려면 꾹꾹 눌러봐야 한다. 표면만 아물었을지도 모르는 일이니까. 보고 싶은 것을 보는 게 아니라 봐야만 하는 걸 보는 거다. 더 이상 끌려다니며 살고 싶지 않으니까.

어찌 보면 실상은 간단하다. 난 내게 부족한 것을 배우기 위해 찾아갔고 멘토와 멘티라는 인격적인 관계가 되었다 여겼다. 하지만 어느 순간 나는 끌려다니고 있었고, 돈을 매개로 한 고객일 뿐이었다는 걸 깨닫고 상처를 받았다. 다행히 용서할 수 있는 마음을 먹을 수 있었던 건, 인간은 완벽하지 않다는 진리 덕분이었다. 나 또한 특별하지 않은 부족한 인간이라는 것 그리고 그도 나와 같은 인간일 뿐이며, 나도 그와 똑같은 마음이 절로 든다는 사실이었다. 사람은 누구나 자기 맘대로 하고 싶은 욕망을 가지고 산다. 나도 내가 원하는 방향으로 사람들의 마음을 움직이고 싶다. 아이들이 내 말을 잘 들었으면 좋겠고, 사람들이 내 글과 말에 설득되기를 바란다.

다만, 어떤 이들은 이 수준을 넘어서 권력의 자기중심성에 갇히기도 한다. 개개인을 존중하기보다 자신의 뜻대로 이용하고 버리며 언제든 갈아치울 수 있는 장기판의 말로 여기는 거다. 그들은 자신들의 말에 이의를 제기하는 것을 용납하지 않는다. 맹목적 신념과 고립을 요구받을 때는 언제나 의심해야 한다. 한 사람을 추종하는 단체, 종교, 국가도 결국 자신을 높이며 자기만 보게 한다. 타인의 자유를 대가로 요구한다. 사람은 완벽하지 않다. 한 사람만을 맹목적으로 따라서는 안 된다. 나만이 답을 줄 수 있다고 하는 것을 경계해야 한다. 책도 한 권만 읽으면 노예가 된다. 사람은 누구를 도울 수는 있으나 구원할 수는 없다.

하지만 나약한 인간은 확실한 답을 줄 수 있는 사람에게 이끌린다. 답이 없는 문제는 언제나 어렵고 복잡하다. 많은 생각과 고민이 필요하다. 그러니 단번에 빠르게 효과적으로 끝내고 싶어 의존하게 된다. 자신의 본질은 스스로 규정해야 한다. 그렇지 않으면 타인의 생각에 갇히게 된다. 미래를 스스로 개척하기보다 점을 치고 싶은 마음도 이런 태도의 일종일지 모르겠다. 자신의 욕망에 취해, 보고 싶은 것만 보다 시야가 좁아지는 거다. 책임을 회피하는 의존적 태도와 마음대로 하고 싶은 욕망이 만나면 상황이 악화된다.

가스라이팅도 시작은 어쩌면 사랑일지 모른다. '난 네게 좋은 것을 준다. 나만 답을 줄 수 있다. 내 말만 옳다. 그러니 내 말대로 하라.' 한 사극 드라마에서 봤던 궁녀의 이야기가 귓가에 맴돈다. "왕이면 뭐해. 내가 없으면 밥을 먹을 수 있기를 해, 세수를 할 수 있기를 해, 옷을 입을 수 있기를 해." 누군가를 통제하고 마음대로 할 수 있다는 감정이 권력이자 우월감으로 발전하는 것은 아닐까. 자기 마음대로 하고자 하는 통제 욕구는 올바른 주도적인 삶이 아니다. 이기적인 나르시시스트일 뿐이다. 어느 누구에게도 좋은 선택이 될 수 없다.

사람은 관계를 이루며 살아가기에 서로 돕고 의지하며 공동체를 이룬다. 잠깐 부탁할 수도 있고 도움을 청할 수도 있다. 하지만 내가 할 수 있는 것을 부탁하는 것과 아예 맡겨 의존하는 것은 천지 차이다. 그 사람이 없으면 내 삶이 돌아가지 않으니까. 난 배움을 받는다는 핑계로 생각하기 귀찮은 것들을 타인에게 맡겨버렸던 거다. 그리고 많은 대가를 치렀다.

모든 건 나의 선택이었다. 어쩌면 나는 악인으로 규정한 상대보다 현명하지 못했던 그 시절의 내가 더 미웠는지 모른다. 하지만 한심했던 그 시절의 실수로 인해 조금은 단단해졌다고 믿는다. 사람이 아닌 죄를 미워하고, 나는 같은 잘못을 하지 않겠다고 마음먹어본다. 그 누구도 반면교사로 삼을 수 있기에 모두가 나의 선생님이 된다. 공자는 논어에서 '배우되 생각지 않으면 엉클어지고, 생각하되 배우지 않으면 위험하다學而不思則罔, 思而不學則殆'고 했다. 타인의 이야기를 열린 마음으로 받아들이되, 그것을 돌아보며 생각하는 시간은 꼭 필요하다. 비판적 사고를 바탕으로 한 자기화 과정은 강조해도 지나침이 없다. 또 자신만의 생각이 생겼을지라도 역시 끊임없이 의심해야 한다. 자기 확신을 자기 의심을 통해 부정하고 극복할 수 있어야 한다. 그래야 조금 덜 상처받고, 덜 상처 주는 사람이 될 수 있지 않을까.

　누구에게나 깊이 베인 상처는 있다. 표면은 아물었을지 몰라도 속살까지 아무는 데는 꽤 오랜 시간이 걸린다. 때때로 그 충격은 몸보다 마음속에 더 오래 남기도 한다. 상처는 지울 수 없다. 아무리 숨으려 해도 이미 존재하는 것에서 도망칠 수는 없다. 그러니 피하기보다 마주하는 것, 그리고 같은 실수를 반복하지 않는 것이 상처의 쓸모다. 처음엔 건드릴 수조차 없다. 하지만 깊은 곳까지 다 아물 수 있도록 기다리며 관심과 사랑을 줄 수는 있다. 결국 흉터는 남을지언정 단단해질 거라 믿는다. 그 단단함으로 누군가를 지켜줄지도 모를 일이다. 위로는 언 손이 언 손을 잡아주는 거니까. 큰 상처는 언제나 더 큰 사랑으로 이겨내는 법이다.

***

전문가를 대하는
현명한 자세

....

　다른 건 몰라도 내가 어느 누구보다 많이 가진 게 딱 하나 있다. 우리 동네 머리숱 1등이다. 수많은 미용실을 거쳐 오며 숱이 많다는 것은 알아왔지만 이 정도일 줄은 몰랐다. 굳이 원한 적도 없지만 어디 가서 무엇으로 1등을 해보겠는가. 숱 적은 사람보다 4배쯤 많은 것 같다. 조선시대 숱이 많은 남자들이 상투가 너무 커져서 속 알 머리를 밀었다(배코 치기)는 이야기를 듣고 배꼽 빠지게 웃다가 엄청 공감하고 있는 내가 웃프다.

　그나마 출산 후 많이 빠져서 이 정도인데, 그동안 더 빠져도 되겠다는 소리를 꽤 많이 들어왔다. 한 가지 억울한 건 얼굴 앞쪽은 휑 비었고 뒤쪽만 그렇게나 많다는 거다. 숱이 적은 것보다야 너무나 감사한 일이지만 얼굴과 만나는 헤어라인은 텅텅 비어서 화장할 때 흑갈색으로 빈 곳을 채우곤 한다. 미용실 원장님 말씀처럼 신은 공평하다고 숱이 많은 대신 새치가 심하다. 유독 헤어라인 쪽만 하얗게 샜다. 미래에 귀여운 할머니가 되고 싶은 거지 지금부터 할머니 같아 보이고 싶진 않다. 2주만 지나도 이마 쪽과 귀밑머리 쪽이 하얘지니 한 달에 한 번 꼬박꼬박 미용실에 간다.

새치 때문에 머리 색은 변화를 줄 수가 없으니 항상 비슷한 머리를 하고 있다. 지금 이 머리가 베스트임을 알기에 불만은 없지만 가끔 지겹다. 어쩌다 단발머리를 하고 예뻐진 사람들을 볼 때면 너무 부럽다. 왠지 상큼해지고 가벼운 느낌에 무엇보다 머리 감고 말리기가 편해 보여서 꼭 그렇게나 유혹에 넘어간다. 그리고 항상 결과는 실패다. 단발머리를 해보고 나서야 숱이 많다는 걸 제대로 깨달았다. 따라 한다고 숱 많고 반곱슬인 사람이 층 내지 않은 칼단발을 해달라고 했으니 결과는 불 보듯 뻔하다. 초코송이 삼각김밥이 되어버렸다. 피부색, 모질, 모량, 모근 방향, 얼굴형, 키 등을 고려한 헤어 스타일이라는 것이 있는 법이다.

역시 전문가의 의견을 들었어야 했다. 괜히 전문가가 아니다. 그들을 좋아하고 존경한다. 각자 자신만의 분야에서 나는 가지지 못한 수많은 지식과 경험을 바탕으로 엄두도 못 낼 일들을 해내는 사람들이니까. 이 시대의 슈퍼히어로다. 전문가의 도움 없이는 이 세상을 살아갈 수도 없다. 우리는 매일 전문가의 도움을 받고 살아간다. 하지만 이때도 나만의 적정선이나 기준은 있어야 한다. 전문가에게 돈을 냈으면 그야말로 본전을 뽑아야 한다. 그게 현명한 어른이다.

자신만의 집을 지은 사람들의 경험담을 들노라면 분명 다른 이야기들인데 그 안에 공통점이 있다. 건축사나 시공사를 잘 만나야 한다고 말이다. 인테리어, 디자인, 스포츠나 각종 교육 분야도 마찬가지다. 성공적인 결과물을 얻기 위해서는 나와 잘 맞는 전문가를 만나야 한다고 입을 모은다. 그 잘 맞는다는 게 뭘까. 예전에는 나의 의견을 전적으로 수용해주는 전문가가 최고인 줄 알았다. 무조건 된다고 다 좋다고 동의해주니 편했고, 나와 잘 맞는 줄 알았다. 거기다 내 욕심을 다 현실로 이루어지게 만들어준다니 좋았지만, 희한하게도 결과물이 별로일 때가 많았다. 그들의 실력으로 산만한 내 생각들을 정리해주길 바랐지만 뒤죽박죽 모아놓은 격이었다. 너무 벌여 놓기만 해서 더욱더 머릿속만 복잡해지니까 뭘 하고 있는 건지 모를 때가 많았다.

언젠가부터는 전문가의 의견을 잘 듣는 고객이 되었는데 그것도 만족스럽진 못했다. 자신만의 가치관이나 의견이 너무나 강해 내 의견이 전혀 받아들여지지 않는 전문가들도 있었다. 내게 없는 식견을 듣기 위해 간 것이니 배울 점은 있었지만 힘들었다. 나도 모르게 그들의 카리스마에 끌려가고 있었고, 원치 않는 부분까지 결제해버렸다. 결과물도 내가 아니라 그냥 전문가의 것이었다. 그러니 돈을 쓰고 도움을 받아놓고도 언제나 후회가 되었다.

이랬다저랬다 시행착오를 겪어오며 깨달은 것은 협력하여 선을 이뤄야 한다는 것이었다. 살아가면서 혼자서 모든 것을 다 할 수는 없으니, 적절한 도움을 현명하게 받아야 한다. 전문가란 나의 상태를 직시할 수 있게 해주는 사람이다. 거기에 자신만의 감각과 능력을 더해 상상 이상을 구현해 낼 수 있는 사람이다. 경험 많은 그들 앞에서 얕은 지식을 뽐내는 것이 아니다. 자신의 고민이 무엇인지 정도는 확실하게 말할 수 있어야 하는 것이다. 자신의 색깔과 선호, 라이프 스타일을 알고 있어야만 더 성공적인 결과물을 얻게 되는 건 자명하다. 하지만 그마저 쉽지 않은 경우가 많다.

'보통이에요, 괜찮아요'는 사춘기를 넘긴 청소년들과 이야기를 나눌 때 가장 많이 듣는 단어다. 나에게 '괜찮아요'는 100에 50 정도의 의미다. 굳이 거절할 필요는 없는 상태를 말한다. 그래서 이 친구들이 그저 그렇다고 하는 줄 알았다. 나중에 알고 보니 '괜찮아요, 보통이에요'가 90 이상 엄청 좋다는 뜻이었다고. 이 단어가 적극 찬성이라는 뜻을 가질 수 있다는 것에 깜짝 놀랐다. 분명 어릴 때는 방방 뛰기도 하고 활짝 웃는 얼굴로 화답하더니 점점 자신의 의사표현을 두루뭉술하게 바꾼다.

단체생활을 시작하면서 두루두루 어울리고 싶은 마음이었을까. 나도 그냥, 대충, 적당히 이런 말들을 '갈등을 피하고 싶을 때

나 귀찮을 때' 사용했던 것 같다. 숫돌이 저 닳는 줄 모르듯 이 태도가 나를 조금씩 좀먹고 있었다는 걸 나중에야 깨달았다. 서로의 마음을 다치지 않게 하면서도 자신의 의견을 드러내는 방식은 분명 존재하며 또 배울 수 있다. 배려와 존중 안에서 자신이 원하는 것은 명확한 언어로 정확히 전달해야만 한다. 나의 감정과 생각을 명료하게 바라보는 것은 소통의 기본원칙이다. 그리고 자신의 선을 넘어서는 것은 아니라고 확실히 말할 수 있어야만 오해가 싹트지 않는다.

내가 너무 나를 모르면 결국 누군가의 의견에 따라가게 된다. 귀찮은 태도 역시 의존하게 만든다. 다 맡긴 채 나 몰라라 해놓곤 결과의 책임까지 다 누군가에게 떠넘겼던 건 아닌가. 어른이 되어가는 과정도 그랬다. 조금씩 선택해야 하는 것들이 많아졌고 그 선택에 내가 책임을 져야만 했다. 그 부담감에 도움을 얻는다는 핑계로 결과와 책임으로부터 피하고 싶었는지도 모르겠다. 미용실이나 쇼핑, 인테리어나 집 건축도 그렇다. 일정한 틀을 갖출 필요가 없는 것은 자신만의 생각을 갖춰야만 한다. 내가 살아야 할 집이고 내가 매일 달고 있어야 할 머리 스타일이다. 머리카락도 그럴진대 나만의 인생을 산다는 건 훨씬 더 공들여야 하지 않을까.

맘에 안 드는 건 홀랑 다 바꿔버리고 새 삶을 살고 싶지만, 그럴 수 없기에 수많은 전문가가 있는 거라 믿는다. 그들의 도움을 현명하게 받아들이며 나다운 인생을 꾸려 나가야겠다. 숱 많고 새치 많은 머리카락도 만족스럽진 않지만 이것도 나다. 조금이라도 사랑해주어야겠다. 그래도 할머니가 되면 숱도 많이 줄고 가늘어지겠지? 80이 넘으면 나도 짧은 은발머리가 어울릴까? 드디어 나도 다른 헤어 스타일을 해 볼 수 있는 건가. 우리 동네 머리숱 1등의 왕관을 내려놓을 때쯤엔 단단한 중심이 생기기를 꿈꿔본다.

* * *

결혼은 꽤 강도 높은
인생 수업이다

....

"머리는 감지 말까?"

"아니, 너 아까 땀 나는 거 내가 다 봤어."

한없이 자신에게 관대한 나와는 달리 남편은 그야말로 칼같이 성실한 편이다. 게으르고 미루기 좋아하는 나를 채찍질한다. 나의 과소비와 늘어짐도 단호하게 잘라내는 단속반이다. 연애할 때 소비적인 활동만으로 데이트를 채우지 말고 생산적인 활동을 하자며 같이 배우면 좋을 것을 찾아왔던 성실한 청년이었다. 그런 모습을 보고 이 사람과 함께하면 평생토록 게으름뱅이로 살진 않겠구나 싶었다. 그러나 나를 가만히 안 놔두는 남편이 될 수도 있다는 걸 미처 생각지 못했다. 이런!

남편이 가끔 상처가 되는 말을 할 때가 있는데, 돌아보면 부인할 수 없는 사실들이 많다. 한 공간에서 가까이 생활하다 보니 나보다 날 더 잘 아는 존재다. 객관화된 자아 같은 느낌이랄까. 매일 함께하고 있으니 칭찬과 응원에는 인색한데, 마주하고 싶지 않은 못난 부분을 자꾸 수면 위로 드러낸다. 가뜩이나 게으름뱅이인 나는 말만 하고 안 지키는 것도 수두룩 빽빽인데 그걸 곧이곧대로 기억하고 다 얘기한다. 함께 있는 게 불편하고 미울 때가 많다. 어디선가 남편 칫솔로 변기를 청소하고 다시 꽂아두는 소심한 복수를 했다는 글을 읽고 공감이 돼서 한참을 웃었다. 얼마나 얄미웠으면 그랬을지 상상이 간다.

분명 연애할 때는 모든 것을 공유하고 함께하고 싶어서 결혼했는데, 다른 두 인격체가 함께 하는 건 정말 쉽지 않다. 이 세상을 혼자 살아내는 것도 힘든데 둘은 더 힘든 게 사실이다. 결혼은 좀 더 행복해지기 위한 하나의 선택으로 여겨지곤 한다. 당연하게도 그 말의 이면에는 행복하지 않으면 그만둬도 된다는 말이 포함되어 있다. 하지만 다른 인격체와 함께 가정을 이루어 산다는 것은 이미 행복하지 않은 순간이 오는 것을 각오하는 일이다. 그렇기에 행복이라는 기준만으로 선택하거나 버텨내기에는 부족하다. 또 다른 가치를 더하지 않을 수 없다.

사람마다 각기 다른 인생을 살기에 정답은 없지만, 이거 하나는 말할 수 있다. 단언컨대 결혼을 하지 않았다면 지금의 나는 없었을 거다. 난 지금도 별 볼 일 없지만, 그전에는 더더욱 별로인 인간이었다는 생각이 든다. 이기적이고 자만심이 가득하고 누굴 위할 줄도 몰랐다. 나 자신을 우상으로 섬기며 스스로의 노력에 버텨온 삶이었기에, 결혼을 하지 않았더라면 자기중심성을 절대 포기하지 못했을 거다. 분명 성인이 되어 사회생활을 하고 어른은 되었겠지만 좀 더 멘탈이 강한 내가 된 건 결혼 후 아줌마, 엄마 타이틀을 달고 나서다.

외롭고 지친 세상에서 사랑과 관심을 받을 생각만 했다. 그렇게 좋으려고 한 결혼이기에 희생이나 섬김은 생각도 못 했다. 혹 들었어도 한 귀로 흘리고 상냥한 돌봄 정도는 제법 잘할 수 있다고 생각했었는지도 모르겠다. 선생님도 했으니 육아도 잘할 수 있을 거라 여겼다. 하지만 내가 맞닥뜨린 결혼의 가장 큰 어려움은 가정에서 감당해내야 하는 업무가 아니었다. 내가 원하지 않는 일을, 심지어 못하는 것들을, 내가 하기 싫을 때 해야 한다는 거였다. 대가를 받고 하는 서비스나 내가 선택한 시간과 결정에 따르는 봉사활동과는 달랐다. 결혼의 열매인 육아는 그중 최고봉이다. 나 자신보다 중요한 존재는 모든 것을 바꿨다. 바깥 업무는 거절할 수 있는 것도 있고 싫은 사람은 어느 정도 피해 다니며, 여차하면 직장은 옮길 수도 있지만, 가정에서는 도망칠 곳이 없다. 특히나 자기 생명을 전적으로 맡긴 아기들은 핑계나 변명을 없앴다. 그래서 신은 가장 가까이 있는 사람을 통해 자신의 모난 부분을 깎아낸다는 말이 있나 보다. 나의 배우자와 자녀들은 하루 만에 끝낼 사랑이 아니니까, 수십 년 함께할 인연이기에 결국 이기심을 내려놓게 된다. 오래도록 함께하기 위해 각 개인이 단단한 모습으로 바로 서야 한다. 그런 측면에서 성숙한 인간이 되어가는 과정이라고 말하는 것이다.

솔직히 가장 많이 싸운다는 신혼 시기와 손이 가장 많이 가는 자녀들의 영유아 시기에는 가정에 묶인 내가 쓸모없는 인간 같았다. 자율성과 주도성이 매우 중요했던 나에게 가장 힘든 순간이었다. 관계이기에 나 혼자만의 노력으로 안 되는 것이 너무도 많았다. 돈 한 푼 안 받는 집안 대소사와 아이들 육아에 쓰이는 시간이 너무나 아깝게 느껴졌다. 하지만 세상의 여느 모든 일은 내 마음대로 되는 것이 없다. 그동안 너무 내 맘대로 살았으니 그걸 고쳐야 했던 거다. 효율성과 성과만을 중시하는 태도도 말이다. 도망칠 수 없는 무언가에서 꿋꿋이 버티며 나를 내려놓고 견딘 순간은 쓸모없는 순간이 아니었다. 원치 않았을 때 희생을 요구받는 삶은 생각지도 않은 능력치로 주어졌다. 이것이야말로 잠재력 계발이다. 못하던 일들을 꽤 잘 해낼 수 있는 수준이 되었고, 청소나 설거지 등의 집안일도 어렵지 않게 해내고, 부족한 시간에 쫓기다 보니 시간 활용에 대한 기술이 늘었고, 언제 어디서나 지칠 때면 꺼내 쓸 수 있는 아이들의 미소라는 무기를 장착했다. 가족들이 북적거리는 이 와중에도 지금처럼 글을 쓸 수 있는 신공까지 얻었다. 무엇보다 내가 받은 관심과 사랑을 나눌 수 있다는 것을 배웠다. 따로따로 보면 쓸모없어 보이고 수치로 환산할 수도 없는 능력이다. 하지만 이것들이 모여 내겐 '어쩌면 무엇이든 해낼 수 있겠다'는 자신감이 되었다.

또 하도 많이 싸워서인지 의견을 피력하는 법은 물론 설득과 사과의 스킬이 늘었다. 무엇보다 내가 아닌 다른 존재와 함께 하는 공존의 기술도 익혔다. 진정한 나로 바로 서는 노력이 시작된 것이다. 싸움은 서로의 뜻이 옳다고 주장하는 것이다. 남편은 물론 아이들과도 대립할 수 있더라. 갈등하는 상황을 피하기만 하느라 누군가와 부딪힐 일이 적어 스스로 온순한 양인 줄 알았다. 케이스가 적었을 뿐이었다. 결혼을 통해 몰랐던 진짜 나의 모습을 볼 수 있었다. 유독 어느 지점을 건드리면 화가 그렇게 나는지, 나의 약점은 무엇인지도 말이다. 앞으로 고쳐가야 할 부분이 너무도 많다. 진짜 공부의 시작이다. 앞으로도 수없이 싸우고 맞춰가면서 서로의 모난 부분을 다듬어가다 보면 우리 모두 좀 더 나은 사람이 되지 않을까.

무엇보다도 가까운 친구가 생겨서 좋다. 같은 공간을 공유하고, 같은 밥을 먹고, 같은 섬유유연제 향기를 풍기는 사람. 피도 안 섞인 남과 가장 친한 친구가 되었다. 시작은 그리했을 뿐인데 함께 하겠다는 약속을 깨지 않으려는 마음이 가장 친한 친구를 보내주었다. 어쩔 수 없이 수많은 사건을 함께 겪어내다 보니, 남편에게는 누구에게도 보이고 싶지 않은 치부도 조금씩 공유하게 된다. 미운 정까지 들어 잘 보이고만 싶은 존재가 아니라 밑바닥까지 보여도 괜찮은 친구가 되었다. 팅팅 부은 아침 쌩얼을 보여도 괜찮은 친구, 함께 울고 웃어줄 수 있는 친구, 힘들고 지친 하루를 같이 마감해 주는 친구 말이다. 억지웃음이나 가식 없이 함께할 수 있는 친구는 편안함을 준다. 그렇게 가슴 뛰고 설레는 달콤한 마음은 어디로 갔는지 알 수가 없지만 그래도 내 일상에 진득하니 함께 해주니 얼마나 감사한지. 이젠 같이 늙어가는 연민의 마음까지 더해져 조금씩 내어주는 걸 배운다. 손이 좀 더 빠른 내가 요리를 할 수도 있고, 깨끗한 공간을 위해 청소 정도는 먼저 해줄 수 있다. 나아가 꿈을 이루어 가는 과정도, 인생을 마감하는 순간에도 곁에 있어줄 수 있을 것 같다. 한 존재를 고유한 그로 인정하고 바라봐주는 것 말이다. 그래서일까 내 삶에 대한 방향성의 혼란이 잦아든 느낌이다. 무슨 일에서도 느낄 수 없었던 안정감과 편안함은 가정에서 나오는 것이었다.

삶이란 너무나 힘든 단련의 과정이기에 함께 좀 더 버텨보라고 결혼을 하는 걸지도 모르겠다. 이제 행복을 좇기보다 성숙한 존재가 되기 위해 사랑을 한다고 생각하면 어떨까. 어떤 누구도 나 자신이 되어줄 수는 없다. 하지만 가장 친한 짝꿍인 듬직한 친구의 힘으로 좀 더 성숙하고 강한 나다운 인간이 될 수는 있을 것 같다. 아직 내가 살아있는 이유는 자기 영달 이상의 더 값진 이유가 있을 거라 믿는다. 그 친구와 함께 세상 밖에서도 각자의 개성으로 세상을 이롭게 하는 일을 하라고 말이다.

한 인간으로 살아가며 발전하는 것은 꽤 괜찮은 목표다. 인간관계에 있어 가장 어려운 관계는 중 하나는 부부 사이이며, 가정에서 감당하는 가장이나 부모의 역할은 꽤 강도 높은 인생 수업이다. 책에서 배운 수많은 삶의 스킬을 실전 연습하며 내 것으로 만들 수 있는 아주 좋은 기회. 사회의 가장 작은 단위인 가정 안에서 사랑을 연습할 때, 이 세상 속에서도 각자의 쓰임을 감당할 수 있을 것이라 생각한다. 공동체 안에서 나를 지키면서도 함께 성장하여 더 나은 내가 되는 기쁨을 느낄 수 있기를.

* * *

상대를 믿고 기다리고
응원한다는 것

....

주로 청장년층을 청중으로 하는 강연을 많이 하는 편이다. 위로를 해주러 갔다가 반짝거리는 그 눈빛들 덕분에 오히려 내가 더 많은 응원을 받고 온다. 그중에서도 가장 진지하게 경청해주시는 분들은 연배가 지긋하신 관리자분들인 경우가 있다. 강연이 끝나면 은퇴 후의 진로나 인생에 대해 생각해 볼 수 있어 좋았다는 얘기와 함께 공통적으로 물어보시는 부분이 있다. 어떻게 하면 자녀를 작가님처럼 키우냐고 농담 반 진담 반으로 말씀하신다. 부모님이 진짜 대단하신 것 같다고 말이다. 좋게 봐주셔서 황송할 따름이지만 그분들은 나의 실체를 모르고 하는 말이다. 짧은 시간이기에 그리 착한 딸이 아니었음을 말씀드리지 못하곤 했지만, 아실 것 같다. 보통의 부모라면 안정된 길을 놔두고 다시 0부터 시작해야 하는 길을 내딛는 자식이 너무나 걱정된다는 것을. 그런 자녀 때문에 속을 많이 끓였을 텐데, 어떻게 버티셨을까 궁금하셨을지도 모르겠다. 예상대로 나는 부모님 말씀대로 한 번에 곧이곧대로 한 적이 없었다. 학생은 공부를 하고, 대학에 잘 가서 취직을 하고, 직장인이 되면 안정적으로 다니며 승진을 하고 효도를 해야 부모로선 맘이 놓일 텐데 말이다. 하지만 그것 외에도 나는 관심 가는 게 많았다. 아마 시험공부를 열심히 했던 수험 생활 시절에만 착하지 않았을까 싶다. 특히나 퇴직을 휴직이라 알고 계셨다가 많이 실망한 아빠와 겪은 우여곡절도 너무나 많다. 부모가 되어보니 내 생각과 다른 자녀의 선택을 응원한다는 것은 보통 일이 아니라는 생각이 절로 든다.

매번 질문만 받고 잊고 있다가 이 글을 쓰며 엄마께 여쭤보았다. 어떻게 내가 초등교사를 관둔다고 할 때 그렇게 하라고 단번에 대답할 수 있었냐고. 특별하거나 거창한 답변을 기대했던 것은 아니었지만 너무나 간단했다. '믿었으니까'라는 5글자였다. 고등학교 때 공부 안 하고 속썩이던 딸이었는데, 고2 겨울방학 시작을 앞둔 어느 날 이대로는 안 되겠다고 갑자기 공부를 해야겠다는 말을 했다고 한다. 그때부터 자기 인생은 앞으로 잘 꾸리며 살겠구나 싶었단다. 나도 그 순간이 기억난다. 특별히 나쁜 짓을 하거나 불량스러운 친구들과 어울린 것은 아니었지만 그냥 공부에

흥미가 없었다. 춘향이나 이몽룡, 로미오와 줄리엣은 모두 10대 청소년들이고, 작품 속 주인공들은 모두 수많은 모험을 하며 살아가는데 나는 이리도 재미없게 살아야 하나 싶었더랬다. 학교, 집, 독서실을 돌기만 하는 쳇바퀴 속 다람쥐 같았다. 묻지도 따지지도 말고 그냥 책상에 앉아 주입식 교육을 받으며 문제집만 푸는 그 상황이 답답했다. 공부를 열심히 안 하는 게 나름의 소심한 반항이었다. 지금 생각해보면 생계형 고민이 아니었음에 감사하지만, 그때는 거기까지 생각이 미치지 못했다.

고3을 앞두고 이러다간 이도 저도 안 되겠다는 위기감이 들어 친구들과 선배들한테 학원을 물어보고 스스로 공부도 시작했다. 자격증이나 어학을 위한 학원들, 두 번의 대학 입학, 전공, 승무원 취업 및 퇴사, 각종 아르바이트, 결혼식 준비 등도 항상 내가 먼저 스스로 알아봤다. 충동적인 선택을 한 적도 있었고 부족한 부분도 많았다. 하지만 무조건적으로 반대하거나 허용하지 않았다. 한 예로 부모님 맘에 들지 않는 남자친구를 데려와도 아무 말 없이 밥만 한 끼 사주셨다. 나중에 알고 보니 가만둬도 금방 헤어질 것 같았다고. 선생님들이라 잘 아셨던 걸까. 반대하면 자녀의 의지가 오기로 더욱 굳어진다는 것을.

상담치료 전문가들로부터 자존감이 낮은 사람들은 그들의 성장 과정에서 부모의 자율성 침해가 심각한 경우가 많았다고 들었다. 자율성은 한 인간이 자기 인생의 주인으로 주체적이고 주도적으로 살아가는 데 꼭 필요한 심리적 힘이다. 자율성이 발달해야만 자기 인생을 스스로 판단하고 선택하며 책임을 질 수 있는 성인이 될 수 있다. 부모들이 자녀를 양육하는 과정에서 자녀의 자율성을 침범하고 통제하면, 자녀들은 심리적으로 무력화된다. 자기 결정력을 갖지 못한 수동의존적인 '성인 아이'가 되는 것이다. 어른이 되었지만, 심리적인 어린아이 상태로 살며 낮은 자존감을 갖게 된다.

　나도 어른임에도 심리적으로 어린아이 상태로 살아가는 경우를 가까이에서 여럿 봤다. A는 맡은 일도 잘하고 착하고 예의 바른 사람이었다. 다만, 성인임에도 불구하고 여전히 엄마가 골라준 옷을 입고 출근을 했다. 대학도 직업도 다 부모님이 원하는 대로 살아왔고 불만도 없었다고 한다. 누가 봐도 부모님 속 썩인 일이 한 번도 없는 완벽한 모범생이었다. 부족함 없는 자신의 삶에 뭔가 빠졌다는 생각이 들기 시작한 건 자유분방한 이성을 만나고 나서부터였다. 자기와는 달리 자신의 생각이 뚜렷했고 같이 있으면 재밌었다. 사랑에 빠져 아이가 생겼고 처음으로 부모에게 반기를 들었다. 드라마처럼 그 이후 행복하게 잘 살았으면 좋으련만 안타깝게도 그러지 못했다. 사랑하니까 다 버틸 수 있다 믿고 부모와 의절까지 했으나 배우자는 여러 번 바람이 났다. 단칸방에 살며 경제활동은커녕 무책임한 행동들은 끊임없이 이어졌다. 온갖 상처를 다 받고 매일 울며 지냈다.

B는 그야말로 엄친딸이었다. 예쁜 데다 공부도 잘해서 대학도 누구나 부러워하는 곳에 입학했다. 부모님의 재력으로 학생 때부터 좋은 차를 몰고 다녔고, 외국 여행은 물론 연수도 여러 번 다녀왔다. 탄탄대로일 것 같던 그녀의 삶 역시 한 남자를 만나 달라졌다. 그는 고교 중퇴 후 밤에 일하는 직업을 가진 남자였는데 부모님이 소개해주는 남자들과 너무 달랐다. 결국 그와 사랑에 빠졌고 결혼을 결심했다. 부모의 반대는 극심했지만 자살 시위까지 한 딸의 고집을 이기지 못했다. 결국 부모는 사위의 학력과 직업을 속이고 성대한 결혼식을 올려줬다. 사위는 낙하산으로 부모의 사업체에 취직했고, 그녀 역시 여전히 부모에게 모든 생계를 의지하고 있다.

C는 부모 말을 따라 골프를 배웠다. 억지로 대학까지 갔으나 여전히 재능도 흥미도 찾을 수 없었다. 경제적으로 여유 있는 친구들과 어울리며 씀씀이만 커졌다. 부모는 전공까지 한 골프로 강습이라도 해서 자립하기를 바랐지만, 음주운전과 폭행 사건을 반복하며 30대 후반이 된 지금까지도 부모님에게 손을 벌리고 있다. 아버지의 계속된 사업 실패로 어머니는 친척이 하는 사업체에서 적은 월급을 받으며 아들의 사고를 무마하면서 살아간다.

마약을 하다 구속된 D, 방에서 나오지 않는 히키코모리가 된 E, 40대임에도 아직까지 캥거루족으로 살아가는 F, 어느 날 갑자기 정신병동에 입원하는 G까지…. 써놓고 보니 내가 드라마를 쓴 건가 싶은데 주변에서 일어난 실제 사례들이다. 아무리 부모님 말에 순종하던 이들도 언제고 한 번은 자기 뜻을 관철하는 때가 오더라. 그때가 학창시절이 아닌 성인 이후면 반항의 정도가 더 강력해진다. 인생의 성공이나 행복 여부를 겉으로 판단할 수는 없다. 하지만 투표권이 있는 건강한 성인이 타인에게 모든 것을 의존하는 삶은 결코 바람직하지 않다. 끌려가는 사람이나 끌고 가는 사람 어느 누구에게도 이롭지 않다. 그 사람의 인생을 대신 책임질 수 없기 때문이다. 교육과 양육은 한 개인의 독립된 삶의 기반을 다지기 위해 존재한다.

머리로는 알지만 엄마가 되고 보니 말처럼 쉽지가 않다. 초등교사 친구들과 이야기를 나눌 때도 항상 이 지점에서 이야기가 만난다. 분명 똑같은 어린이와 함께하는데 선생님과 엄마의 역할은 천지 차이라는 거다. 직업상 아이들과 말을 많이 하는 편이기 때문에 대화가 어렵지 않다. 고래도 춤추게 한다는 칭찬의 힘을 알기에 교육학적 지식이나 경험을 통해 지금 이 아이에게 필요한 것 딱 한 가지만 이야기한다. 그런데 엄마가 되면 모든 것을 다 주고 싶어진다. 좋은 것 하나라도 더 알려주고 싶어 잔소리가 멈추지 않는다. 공부, 친구 관계, 안전, 건강에 관한 것까지, 좀 과한가 싶을 때도 있지만 다 잘되라고 하는 소리니까 괜찮을 것 같다. 하지만 열정을 불태운 만큼 아이가 내 마음대로 따라주지 않는 게 현실이다. 뭘 잘못하고 있는 걸까 고민한다.

심윤경 작가의 『나의 아름다운 할머니』라는 에세이를 읽다가 대성통곡을 하며 뼈저리게 깨달았다. 디테일한 양육보다는 정서적인 안정감이 필요하다는 것을 말이다. 인생을 살아오며 힘든 순간을 넘게 한 건 과도한 관심이나 뜨거운 사랑이 아니었다. 믿어주고 기다려주는 아랫목 같은 따스한 사랑이었다. 돌아가신 우리 외할아버지, 외할머니, 엄마, 아빠가 생각났고, 그분들의 사랑이 떠올라 눈물을 멈출 수 없었다. 나는 혼자 잘나서 지금까지 버텨오며 살아있는 게 아니었다. 조용한 버팀목이 되어 지켜준 그분들의 사랑으로 보호막을 쓰고 있었을 뿐이었다. 그 덕분에 돌이킬 수 없는 잘못을 저지른 적도 없고, 뭐든 함부로 대하지도 않았다.

어른들도 집에서 쉬고 재충전을 하는 것처럼 아이들도 가족들의 품에서는 쉬고 싶을 거다. 특히나 낯을 가리는 아이나 새로운 자극이 벅찬 아이들에게는 틈이 필요하다. 그때 부모의 직접적 간섭은 아이를 무기력하게 할지도 모른다. 위로와 공감의 저런 고단한 과정을 응원한다는 "장하다", '네가 알아서 해보렴'의 "글쎄, 몰라" 정도로도 충분하다. 열정 쪽에 가까운 나의 양육 태도를 다시 한번 반성했다. 굳이 그렇게 하나하나 참견하며 신경 써줄 필요가 없었다. 매번 말 걸어주려 없는 힘마저 짜내지 않아도 되었다. 적당한 빈틈은 오히려 전략적으로 자기결정감을 드높이는 훌륭한 기회가 된다. 그리 애쓰지 않아도 되겠다는 안도감에 괜스레 편안해졌다.

　부모님이 억지로 내 길을 정해주려 했다면 내가 과연 그렇게 스스로 무언가를 하려고 했을까 생각해본다. 다행히도 우리 부모님은 본인들의 삶에 충실하고 배움에 열의가 가득하신 분들이었다. 당시엔 엄청 엄하고 간섭이 심했다고 느꼈지만, 내가 부모가 되어보니 당연히 규제할 수밖에 없는 부분들이었다. 성인이 된 후에는 비교적 자율적인 삶을 살아가도록 많은 기회를 주셨다. 서너 살부터 '스스로 하는 사람'이라는 가훈을 수천 번 듣고 자랐다. 그러니 여전히 주인 되는 삶을 위해 노력하는 게 아닐까. 특히 부모님은 기본적인 의식주 제공 외에 내 할 일을 대신해준 적은 한 번도 없었다. 선생님인데도 다른 극성 엄마들과 달리 입시 정보도 전혀 몰랐고, 나보다 무언가를 많이 알고 있는 게 하나도 없었다. 아니, 아셨겠지만 내게 말하지 않았다. 통금시간이나 거짓말에 대해 엄격한 것 빼곤, 먼저 일장연설을 늘어놓은 적은 한 번도 없었다. 지금까지도 항상 그 자리에서 내 이야기를 들어준다. 오히려 너무나 평범했고 조용한 하루들이었다. 어린 시절 날 키워주신 외할머니, 외할아버지도 항상 기다려줬다. 고요하고 정갈하고 따뜻한 방바닥에 앉아 내가 뭘 하든 미소 짓는 얼굴로 바라봐주셨다.

　혹 그러지 못한 환경에서 어린 시절을 보냈다면 위로와 격려의 마음을 보낸다. 하지만 지금도 늦지 않았다. 지금이라도 자신이 진정 무엇을 원하는지 탐색해보며 주도적으로 세상 경험을 쌓아가면 된다. 사람은 무엇인가 하고 싶은 욕구를 일단 수용해주고 공감해주면 그것을 하지 않아도 욕구가 해소되는 경향이 있다. 내가 먼저 나를 수용해주는 거다. 무언가에 막혔다면 잠시 떨어져 있어 보는 것도 방법이다. 휴직을 해도 좋고, 여행도 좋고, 잠시 생각을 정리해보는 갭이어의 시간을 가지는 거다. 망하든 잘되든 주도적인 경험을 한다는 자체만으로 무기력감을 벗어날 수 있다. 스스로에게 힘이 있다는 사실을 깨달을 때 자신감도 생긴다.

칼 융은 사랑의 반대는 권력이라 했다. 통제하고 무시하고 싶은 마음을 이겨내야만 우리 모두가 각자 인생의 주인으로 살아갈 수 있다. 살아있음에 감사하며 상대가 자기 자신이 되는 것을 존중하고 응원해주어야겠다. 믿어주고 기다리고 응원하는 것이 진정한 사랑이니까.

좋은 사람들이 가진
3가지 특징

"직업을 바꾸며 다양한 분들을 만나셨을 텐데 기억에 남는 동료들이 있나요?"

처음 이 질문을 받았을 때 수많은 장면이 스쳐 지나갔다. 나는 그다지 좋은 동료가 아니었겠구나 하는 후회도 함께. 질문을 받기 전까지는 미처 생각하지 못했지만, 직업군에 상관없이 기억에 남는 동료들은 모두 좋은 사람이었다. 그리고 그들에게는 일관된 공통점이 있었다. 맛있는 초콜릿 같았달까.

초콜릿은 템퍼링이라 불리는 담금질을 통해 맛있는 초콜릿이 된다. 온도와 시간, 녹이고 굳히는 횟수에 따라 초콜릿 식감과 광택이 달라진다. 템퍼링을 제대로 할수록 결정이 입에서 균일하게 녹아 맛있어진다. 반면 급속하게 식히거나 대충 녹이면 불안정한 결정이 생겨버리는데 녹는점도 낮아져 보관이 어려워지고, 겉도 는 식감을 만든다. 담금질이 잘 된 사람은 모두가 알아본다. 드러 내지 않는 조용한 힘이 있다. 균형 잡힌 삶에서 우러나오는 단단 함은 세 가지로 요약할 수 있다.

첫째, 그들은 맡은 일에 최선을 다했다. 너무나 당연한 말인가 싶지만 그렇지 않은 사람도 참 많다. 일할 때는 누구보다 열심히 일했고, 쉴 때는 잘 쉬었다. 그들은 어딜 가서 뭘 해도 분명 잘했을 거라는 확신이 든다. 실력을 떠나 맡은 일에 집중하는 모습은 믿음직스럽다. 집중했다는 전제하에 시간이 지나면 실력은 따라오는 법이니까. 이런 사람들은 실수를 해도 금방 고치고, 처음부터 잘하던 사람보다 오히려 훨씬 성장하는 것을 수없이 봤다. 또 어느 부분을 놓치는지 자신의 경험으로 알기에 도와줄 때도 구체적이었을 뿐만 아니라 겸손했다. 그래서 주변에 사람이 많았다.

또 그 순간에 최선을 다하는 사람들이었다. 자신이 잘한다고 해서 대충하거나 딴짓을 하지도 않았다. 작은 일에도 즐겁게 최선을 다하는 사람 옆에 있으면 나도 힘이 났다. 같은 월급을 받으니 최소한으로 일하고, 더 열심히 하지 않는 것이 효율적이라 여겼던 적이 있다. 하지만 업무시간에 계속 핸드폰을 보고 있거나, 휴가 계획을 짜거나, 쇼핑을 하거나 하는 모습은 다른 사람의 의욕을 꺾게 만든다. 실력의 유무를 떠나서 존경심이 들지 않았고,

그렇게 되고 싶지 않았다. 아무도 보고 있지 않을 때까지 신경 쓰는 게 진정한 프로다.

일을 잘하는 이들 옆에 있을 땐 편안했다. 일을 잘 해내는 사람은 안정감을 준다. 내게 피해를 주지 않을 것 같은 이기심의 발로인가. 그는 그쪽에서 알아서 잘할 테니 나는 내 일에만 신경 쓸 수 있게 해줬다. 비행을 할 때도 각자 맡은 업무가 있기에 자신의 일을 하기 바쁘다. 자신의 일을 끝내고 도와주는 사람이 있는가 반면, 대충 하는 척만 하다 일을 떠넘기는 사람도 있었다. 자기 할 일을 하지 않으면 누군가가 대신할 수밖에 없다. 한두 번이면 몰라도 반복되면 짜증이 나고 미울 수밖에 없는 게 사람 마음이다. 자신의 실력을 키우며 남도 함께 성장할 수 있게 돕기 위해서는 우선 자기가 맡은 일부터 잘 해내야 한다. 가정에서도 사회에서도 세상에서도 다 적용되는 원칙이 아닐까.

둘째, 그들은 구분을 잘했다. 상황 판단 능력과 참을성이 뛰어나 해야 할 때와 아닐 때를 정확히 알았다. 분명 마음이 급했을 텐데도 참을성 있게 기다려주었다가 적시에 부탁했고, 기분 좋게 그에 응할 수 있었다. 또 직장에선 직장 일을, 집에서는 가정에 충실한다는 명확한 기준을 가지고 있었다. 멋진 엄마인데 훌륭한 교사로, 주말 봉사활동에 후배 교육까지 해내며 존경받았다. 여유 있는 모습으로 균형 잡힌 삶을 꾸려나가는 모습을 가까이에서 지켜보며 많이 배웠다. 특별한 경우가 아니면 야근도 하지 않고, 집에 가져가서 일을 열심히 했다는 티를 내지도 않았다. 프랑스부터 캐나다, 벨기에까지 근무시간 외의 연락을 금지하는 법이 지정되고 있다는데 그녀는 진작부터 깨어있는 모습을 보여준 상사였다. 그녀 덕분에 나도 눈치 안 보고 근무시간에만 최선을 다하고 칼퇴근을 할 수 있어 마음이 편했다.

기관의 장이었던 한 분은 여타 다른 리더들처럼 자기 기분에 취해 일장연설을 하거나 훈계하지 않았다. 갑 대접만 받고 싶고, 자기중심적인 사람이 워낙 많은 세상이어서일까. 나설 때와 아닐 때를 구분하는 그가 참 존경스러웠다. 자기 자신에게 너무 취해 타인의 이야기를 듣지 않는 사람을 종종 본다. 상담학에서 다루는 내면 아이를 핑계로 자신을 끊임없이 합리화하는 사람들도 있다. 자기연민도 자아도취의 일종이다. 나를 분리시키지 못하는 태도는 또 다른 이기주의다.

또 말할 때도 들을 때도 감정과 사실을 구분했다. 즉, 의견과 인격을 구분할 수 있는 사람들이었기에 함께 일하기 수월했다. 한 인격체로 살아가면서 불만을 가지는 건 당연하며, 섞여 살아가기에 갈등은 반드시 생긴다. 보통 내 의견과 생각을 달리하면 나를 무시하는 것이라고 간주하는 경우가 많다. 이는 생각의 교환과 융합을 억압할 뿐이다. 그들은 틀린 게 아니라 다르다는 것을 몸소 보여줬다. 의견과 인격을 분리하며 말하는 건 어떤 건지도 배울 수 있었다. 그들과 같은 팀일 때에는 나의 의견도 제시할 수 있었다. 서로의 의견을 존중하여 더 나은 결론을 도출하려 할 때 발전이 있다.

셋째, 그들은 따뜻했다. 친절하고 잘 웃는 사람이었다. 자신을 잘 담금질한 그들은 나태하지 않고 여유로웠다. 그래서 다른 사람들을 잘 도왔다. 같은 실수를 해도 화부터 내며 지적하는 사람이 있고, 차분하게 고칠 점을 이야기하는 사람도 있다. 인간적으로 더 끌리는 사람은 당연히 후자다. 날카롭지 않고 언제나 평온한 모습은 주변에 사람을 모이게 했다.

그들은 강자에게 강하고 약자에겐 더없이 너그러웠다. 나이나 직책으로 군림하려 하지 않았다. 자기 이익에 따라 사람을 함부로 대하지 않고, 누구에게나 정직하게 꾸밈없이 대했다. 일관된 배려가 안정감을 주었던 건 아닐까. 직원들의 자녀가 수능시험을 볼 때면 손편지와 작은 선물을 전했다. 한참 어린 직원에게는 물론이고, 자주 마주치지 않는 직원들과 녹색어머니를 하는 학부모들에게까지도 따뜻하게 격려했다. 발로 뛰는 리더를 보며 나도 그런 할머니가 되어야겠다고 마음먹었었다.

또 머릿속에 드는 생각을 무조건 쏟아내지 않았다. 말을 아끼는 그들을 보며 현명한 대인관계의 기술을 배웠다. 내가 따뜻하게 기억하는 그들 중 어느 누구도 험담을 하는 사람은 없었다. 어딜 가나 질투 어린 시선으로 가십거리를 찾아다니며 편을 가르는 사람은 있기 마련이다. 반면 친절과 배려가 몸에 익은 사람도 있다. 배가 아파 약을 먹는 것을 보고 말없이 온수포를 가져다준 후배, 가지러 간 김에 우리 반 자료까지 갖다 주는 옆 반 선생님, 어느 추운 날의 강연 전 핫팩을 붙여주는 그녀까지 수많은 이들의 배려가 떠오른다. 하나만 봐도 열을 안다고 그들은 모두에게 미소지으며 따뜻했다. 내가 받은 작은 관심과 배려는 그 감동을 알기에 나 역시 다른 누군가에게 돌려주게 된다. 그렇게 세상은 눈곱만큼씩 아름다워지는 게 아닐까.

역시 실력 이후에는 인성으로 평가되는 건가. 나에게 많은 깨달음을 줬던 그들을 떠올리며 다시금 부족한 나를 돌아본다. 그들이 가진 절제, 침묵, 근면, 진실, 중용, 겸손 등을 비롯한 수많은 덕목을 다 갖출 수는 없을 거다. 하지만 프랭클린처럼 그것을 함양하고자 노력하는 태도에서 나 역시 좋은 사람이 되어가는 것은 아닐까. 도산 안창호 선생은 진심으로 자기를 아끼고 사랑할 줄 아는 사람만이 비로소 남을 사랑하고 이롭게 할 수 있다고 했다. 가득 차면 흘러넘치듯, 담금질을 통해 얻은 품성은 관계로 세상으로 이어질 것을 믿는다.

내
인생을

성장시키는
습관들

하루를 주도적으로
시작하는 기쁨

눈을 뜬 아침, 온 세상이 깜깜하고 이불 밖은 너무나 썰렁하다. 날이 점점 더 추워질수록 이불 밖이 점점 더 싫어진다. 더울 때는 더워서라도 일어나는데 요즘 이불 안은 너무나 따뜻하다. 잠깐이 지만 참 포근하고 행복하다. 요즘엔 아침마다 꽤 기분이 좋다. 내가 갑자기 왜 이러지. 그동안 내 인생엔 뒹굴거리는 걸 허락할 만한 여유가 없었다. 더 바쁘면 바빴지 요즘 시간적 여유가 있는 것도 아닌데 희한하다. 살아오며 아침 컨디션이 좋다고 느낀 적도 별로 없는데 말이다. 새로운 하루가 매우 기대될 만큼 삶이 달라진 것도 없다. 곰곰이 생각해보니 때려치운 게 하나 있다. 바로 정해진 시간에 일어나는 것. 요샌 내 맘대로 눈이 떠질 때 일어난다. 물론 정해진 시간에 기상하는 건 참 좋다. 규칙적으로 아침 시간을 활용할 수 있으니까. 무엇보다 계획하는 걸 좋아하는 나 같은 성향의 사람에겐 새벽 4시 30분에 일어나겠다고 마음먹는 것부터 이미 행복하다. 아침 시간을 나를 위해 쓸 수 있다는 기대감에 시작도 하기 전부터 설렌다. 계획만으로 벌써 무언가 해낸 것 같고 핑크빛 미래가 코앞에 다가온 느낌이 든다. 하지만 그 기쁨은 항상 며칠 지나지 않아 깨졌다. 나도 미라클 모닝을 하고 싶었다. 현실은 맨날 타인에 의해서 눈을 떴고, 역시나 또 4시 30분을 지키지 못했다. '나는 안 되는 사람인가 봐. 역시 내 의지는 너무나 약해.' 예전의 나는 어떻게 독종으로 살았던 건지 전혀 알 수가 없다. 계획을 세울 때마다 자괴감만 깊어져 갔다.

마음의 롤러코스터를 타다 자연스레 일어나지는 대로 일어나는 생활이 이어졌다. 그렇게 3~4년 지내오며 발견한 사실은 내겐 꽤 충격적이었다. 억지로 시간을 정해 일어나도, 내 몸이 원할 때 일어나도 일어나는 시간은 새벽 5~6시로 그다지 별 차이가 없다는 것이었다. 굳이 30분이나 1시간을 더 확보하기 위해 나를 몰아붙여야 하나. 그것 때문에 이렇게 기분이 나빠져야 했었나 생각해보게 되었다. 내가 원했던 건 뭘까. 혼자만의 시간을 더 확보하길 바랐던 것 같다. 그 시간을 잘 보내서 더 보람찬 하루를 시작하기를 원했다. 보람찬 하루는 왜 내게 중요할까? 내가 잘 살아가고 있다는 믿음을 갖고 싶었던 것이 아닌가. 하지만 반대로 하루의 시작이 해내지 못했다는 느낌으로 채워지자 하루 종일 기분이 좋지 않았다.

학창 시절에도 일어나라는 말을 듣고 깬 하루는 그다지 행복하지 않았다. 혹 4시 반에 일찍 일어났더라도 평소보다 잠을 줄였기에 몸 상태도 좋지 못했다. 하루 이틀은 그저 그렇게 지나갔지만 피곤했기에 꾸준할 수 없었다. 난 단지 어느 누구의 방해도 받지 않은 채 좋은 컨디션으로 눈을 뜨고 싶었을 뿐이다. 타인의 개입 없이 원하는 시간에 일어나 어느 누구의 방해도 없이 하루를 주도하는 시간은 소중하다. 불과 1분일지라도 삶을 잘 살아가고 있다는 느낌을 들게 한다. '아침에 눈을 어떻게 떴느냐'가 오전 시간을 좌우하고 오전을 어떻게 보냈느냐가 나의 하루를 지배한다. 그래서 그렇게들 아침형 인간, 미라클 모닝, 새벽형 인간 등 몇 십 년간 수많은 이름으로 불려온 아침의 활용을 강조했나 보다. 밤에 일하지 말고 일찍 일어나라는 소린 줄만 알았지, '주도성'을 이야기하는 건 줄 이제야 알았다.

이제는 자고 싶은 만큼 잔다. 여름에는 해가 일찍 뜨니 새벽 5시 전에도 저절로 눈이 떠지지만, 겨울엔 확실히 좀 늦어졌다. 몇 시에 일어났는지는 이제 중요하지 않다. 내가 원했던 건 주도적으로 시작하는 기분 좋은 아침일 뿐이니까. 다만, 잠드는 시간을 조정한다. 너무 피곤한 날은 9시 전에도 자고 보통 때에는 10시쯤 잔다. 4시간만 자는 사람들의 시간 활용이 좋아 보여 그것도 따라

해 봤으나 꾸준하지 않은 건 소용이 없었다. 그렇게 조금 자고 일찍 일어나면 눈이 뻑뻑하고 발이 시려 집중도가 떨어졌다. 나는 컨디션에 따라 6~8시간은 꼭 자야 하는 몸을 가졌나 보다. 안 깨우면 오후 2시까지 잘 수 있던 때도 있었는데 이제는 8시간 이상 자면 허리가 아프고 오히려 하루 종일 더 처지는 느낌을 받았다.

요새 알람은 6시 10분에 맞춰져 있다. 알람보다 먼저 일어나는 게 목표라면 목표다. 일정에 따라 더 일찍 일어나야 할 때도 있지만 별일이 없는 날에는 그 시간이 마지노선이다. 아무리 늦어도 그 시간에는 일어나야만 가족들이 날 깨우러 안 온다. 또 쌀쌀해진 만큼 아침 이불 속에서 뒹굴거려 줘야 제맛이지. 몇십 년이 지나고 나면 어떤 아침을 맞이하게 될까? 미래의 오늘도 나답게 눈 뜨며 하루를 맞이할 수 있기를!

너무 힘이 들면
잠시 쉬어도 괜찮다

'이 산이 아닌가벼! 어라, 이 산도 아닌가벼.'

세계정복을 꿈꾸었던 나폴레옹이 군인들 앞에서 자신의 실수가 민망해 내뱉은 말이란다. 나만 이런 말을 하는 줄 알았는데 강연에서 만난 청중이나 독자들도 같은 경험을 나눠준다. 이것도 해봤더니 아니고, 저것도 해봤는데 아니더라고. 나이나 성별, 지위고하를 떠나 이런 고민 하나씩은 다 품고 사나 보다. 나름 열심히 노력했는데도 결과를 보니 자신이 원하고 바라던 결과가 아닌 거다. 하고 싶은 걸 했는데 고비가 찾아온 난감한 상황, 물론 자신의 생각이 틀렸다는 그 자체만으로 자괴감에 휩싸였을 거란 걸 안다. 그동안 내버린 시간과 비용이 떠오를 것이다. 한 번에 잘 갔으면 얼마나 좋았을까 싶기도 할 거다. 이를 만회하고 싶어서 타임 슬립, 몸 바꾸기 등의 판타지 장르를 좋아하나 보다. 나도 너무나 잘 안다. 실수를 했다는 것에 스트레스를 받았을 것도, 더 이상 언급하고 싶지도 않을 거라는 것도 말이다. 충분히 자기반성은 끝났을 시점임을 알기에, 이젠 그런 나 자신과 질문해준 이들을 칭찬하기로 했다. 사실이니까. 이 산이 아니어도 괜찮고, 저 산이 아니어도 괜찮다. 중요한 건 오르려고 결심했고, 그것을 실천에 옮겼다는 사실이다. 그간 기울인 노력은 추앙받아 마땅하다.

무언가 새롭게 도전해 봤다는 사실은 비록 실패했을지라도 가치가 있다. 실패의 기준은 저마다 다를 것이다. 만약 나의 능력을 너무 과신하여 목표를 충족시키지 못한 상황이라면 그 목표를 더 작게, 자신에 맞게 설정하면 된다. 구글의 OKR 목표달성법을 응용해 목적에 따른 세부목표로 여기면 실패는 과정이 된다.

올라가 본 산이 전혀 다른 곳이라면 방향을 틀면 되는 거다. 초등교사인 공무원을 그만두며 큰 조직을 운영하는 기업가에 대한 막연한 기대가 있었다. 시행착오를 겪어본 결과, 안 가본 산에 대한 호기심과 같은 단순한 열망이었음을 깨달았다. 다시 그런 기회가 생길지라도 이윤창출과 조직운영에 힘쓰는 관리자보다는 창작자의 역할에 충실할 것 같다. 세상으로부터 주입된 욕망과 내 마음의 목소리를 구별하는 것도 주도적인 삶을 살기 위해서는 꼭 필요하다. 그래야만 비고츠키가 말한 근접발달영역 안에서의 비계설정을 적절히 할 수 있다. 또 긍정적 결과를 얻어냈음에도 실망감이 찾아왔다면 그 부분을 명확히 찾고 되풀이하지만 않으면 된다. 보통 머릿속에서 고민했을 때보다 막상 실행에 옮겨보면 생각과 다른 경우가 있다. 엄청 클 거라 생각했던 기쁨과 만족감이 그리 크지 않은 경우도 많다. 승무원을 하면 여행을 많이 다녀서 좋을 줄 알았는데, 나는 이동을 힘들어하는 집순이었다. 신입 승무원 교육도 수석으로 졸업해서 승무원 자질이 뛰어난 줄 알았는데, 매번 정해진 말과 행동을 반복하는 게 답답했다. 또 예쁜 것을 좋아하니 꾸밈이 기본인 일은 즐거울 것이라 여겼는데, 내게 만족감이나 성취감을 주는 핵심영역이 아니었다. 알았으니 된 거다. 잘못 오른 산은 내려와서 다른 산에 가면 된다. 물론 사람은 같은 실수를 반복하는 경향이 있지만, 실행에 기반한 깨달음은 생각보다 훨씬 오래간다.

가시적인 성과가 보이지 않아 고비가 찾아오는 경우도 많다. 끝까지 올라가지 못해서 이 산이 아니라고 여길 수도 있는 것이며, 정체기나 슬럼프에 다다른 것이다. 조금만 더 가면 내가 원했던 것을 발견할 수 있는데, 미처 다다르지 못해 그 분야의 매력을 살피지 못하는 경우다. 이런 경우 나의 수준과 처한 상황을 객관적으로 파악하는 것도 중요하다.

슬럼프가 온다는 것은 그만큼 무언가 열심히 하고 있다는 증거다. 안주하고 있지 않을 때 슬럼프가 오기에 슬럼프는 정말 열심히 했다고 말할 수 있는 때다. 하지만 슬럼프보다 먼저 찾아오는 건 정체기다. 공부든 운동이든 처음에는 새로운 시작에 설렘과 기대가 함께한다. 낯선 분야를 익혀가기 때문에 성장 속도가 눈에 빠르게 보인다. 노력한 만큼 성장하기 때문에 오히려 즐겁다. 하지만 목표의 반 정도 왔을 때쯤이면 언제나 정체기를 맞이한다. 노력이 양과 질에 관계 없이 성장하지 못하는 상황이다. 더 이상 설레지 않고 모든 것이 의미 없는 반복처럼 느껴진다. 난 이때가 기본기를 다지는 중요한 시기라고 생각한다.

윌리엄 하월은 학습 과정에서 우리가 밟아야 할 단계를 운전에 빗대어 4단계로 이야기했다. 무언가 해보지 않을 때까지는 남들이 하는 게 꽤 쉬워 보인다. 어릴 때 어른들이 운전하는 게 쉬워 보여 나도 하겠다 싶었던 느낌이 바로 1단계 '무의식적 무능력 단계'다. 하지만 실제 운전을 하는 순간 내가 운전에 대해 무능력하다는 것을 알게 된다. 이것이 2단계 의식적 무능력 단계다. 많은 연습을 거쳐 의식적 능력 상태인 3단계에 도달한다. 이젠 차를 운전할 수 있지만 내 능력에 대해 늘 긴장하기 때문에 아직 편안해지기는 어렵다. 그 후에도 한참 반복해 무의식적 능력 상태인 4단계에 이르면 운전하는 동안 더 이상 여러 가지 것들을 생각하지 않게 된다. 정체기는 3단계인 의식적 능력상태에 도달하는 과정에서 온다고 생각한다. 이 벽을 넘어서야만 어떤 상황에서도 고르게 실력을 드러낼 수 있다. 하지만 이 고비는 반복연습을 전제로 하는 경우가 많기에 넘어서기 쉽지 않다. 이 시기에 포기하면 무엇이든 시간이 지났을 때 기초 레벨이 되어버렸다. 여태 한 노력이 아까워서라도 조금만 더 해보려 하면 어느새 정체기를 탈출한 자신을 만나게 된다.

나는 글을 쓰며 수시로 이 정체기를 맞닥뜨린다. 매일 지속해야만 넘어설 수 있기에 다양한 방법으로 버텨내 본다. 노트북을 여는 것만으로도 스트레스를 받으면 노트에 쓴다. 펜이 지겨워지면 만년필로도 쓴다. 펜촉이나 다양한 잉크를 시필해 보려다가 글을 쓰고 있는 나를 발견한다. 그것마저도 지치면 키보드를 두들겨본다. 다른 키보드로도 썼다가 향초를 피웠다가 다시 펜으로 썼다가 한다. 온갖 방법을 사용해서 쓰기만 한다. 방법을 바꿔가다 보면 나만의 방식도 찾을 수 있는 부수효과를 얻을 수 있었다. 수영을 배울 때도 수영복을 바꾼다든지, 새로운 스터디 그룹에 들어가는 등 새로운 자극을 사용할 때 고비를 넘기기 쉬웠다.

정체기는 일시적인 반면 슬럼프는 꽤 오래 지속될 수도 있다. 난 3단계에서 4단계 정도에 슬럼프가 온다고 생각한다. 의식하지 않아도 해낼 수 있는 자동화된 능력을 갖추게 되는 시기다. 그렇기에 실력 성장에 있어 슬럼프는 언제나 존재한다. 무엇을 해도 잘 풀리지 않는 상태다. 오르막이 있으면 내리막도 있는 것처럼 심지어 마이너스 성장을 기록한다. 꾸준히 노력해왔기에 후퇴한다는 사실을 받아들이기 너무나 힘들다. 그때마다 나는 만화영화

〈마녀 배달부 키키〉의 한 장면을 떠올린다. 하늘을 나는 걸 좋아하는 열세 살 마녀 키키는 어느 날 갑자기 슬럼프에 빠져 마법을 쓰지 못하게 된다. 어떻게 날았는지조차 전혀 생각할 수 없어 의욕을 잃는다. 그때 만난 숲속 화가 우르술라는 이렇게 조언한다.

"그래도 여전히 날지 못하면요?"

"그럴 때는 포기해. 산책을 하거나, 경치를 구경하거나, 낮잠을 자거나 아무것도 하지 마. 그러다 보면 갑자기 다시 날고 싶어질 거야."

처음에는 '자기 일 아니라고 포기하라니…. 너무 무책임한 거 아닌가' 하는 생각이 들었다. 그러다 깨달았다. 잠시 떨어져 있으면서 좀 쉬라고, 너무 잘하겠다는 마음의 부담을 내려놓으라는 의미라는 것을 말이다. 키키는 위기에 빠진 친구를 구하기 위해 애쓴 결과 마법 능력을 되찾고 잘 살아간다.

어렵고 힘든 상황에 가끔 낙담할 때가 있다. 그럴 땐 잠시 쉬어가도 괜찮다. 그러다 조금 힘이 생기면 왜 열심히 해야 하는지, 무엇 때문에 노력이 절실한 상황인지 다시 한번 들여다봐야 한다. 나를 가치 없음에 가둬놓고 노력을 하는 것은 내일의 노력을 보장할 수 없다. 노력의 방향과 효율이 '나'다워야 한다. 자신이 얼마나 귀하고 소중한 존재인지 깨닫고 지금의 노력이 어떤 결과를 가져올지 깊게 생각해 보아야 한다. 제자리에서 뛰는 것보다 후퇴하여 도움닫기를 할 때 훨씬 더 멀리 뛸 수 있다. 슬럼프는 이런 생각을 할 수 있게 해주는 소중한 도움닫기가 아닐까. 경험해 보았기에 아닌 것도 알고 고비도 찾아오는 법이다. 더 많은 노력을 투입하며 어느 단계를 넘었을 때의 기쁨은 분명 존재한다.

　많은 사람이 어떤 산을 오를지 결정을 내리는 데 시간과 에너지를 쓴다. 그리고 결정을 했더라도 그에 걸맞은 장비를 한참 고르고, 지름길을 파악하고, 같이 갈 사람을 구하다가 지쳐 나가떨어지기도 한다. 이미 그 정도면 산 수백 번을 갔다 왔을 시간이다. 성과가 나지 않아 힘들고 지칠 때면 잠시 쉬어가면 된다. 도전해 봤고, 이미 실행하고 있다는 사실은 변치 않으니까. 잘못 갔다 왔을지라도 어느새 체력은 길러졌을 거다. 이제 어디든 다른 곳에 도전할 수 있다. 경험도 쌓여 다음 목적지를 보는 눈이 갖춰졌을 것이다. 더 이상 시작도 두렵지 않게 된다. 그 마음을 바탕으로 또 다른 산에 올라가 보자. 꿈은 성취에 목적이 있는 것이 아니라 꿈을 꾸며 노력하는 과정에 있으니까.

읽어야 한다는 건 알지만, 독서가 싫다면

"책을 읽다가 자꾸 멈춰요. 어떻게 방법이 없을까요?"

분명 청중들은 안 멈추고 계속 읽고 싶은 마음에 이런 질문을 했을 것이다. 멈추게 되는 이유가 여러 가지 있겠지만 난 이렇게 답하곤 한다. 멈출 수 있어 너무 좋다고, 잘했다고. 강연에서 만나 이야기를 나누다 보면 많은 이들이 독서에 뜻이 있다. 책을 읽어야 한다는 것도 알고, 왜 좋은지도 알고, 책을 읽고 싶은 마음도 있다. 다만, 막상 손이 가지 않고 읽어나가기가 힘들 뿐이다.

책이 너무 쓸데없이 권위를 가진 게 아닐까. 무엇이든 주로 책에서 배워 버릇해서인지 난 작가는 다 멋지고 대단한 존재인 줄 알았다. 물론 내가 작가가 되어 보니 그 환상은 와르르 무너졌지만. 책을 써도 난 똑같이 별 볼 일 없는 인간이었다. 나와 달리 됨됨이도 훌륭한 분들이 너무나 많지만 그래도 한계가 있는 인간일 뿐이다. 작가가 정답을 말하는 것도 아니고 진리를 말하는 것도 아니다. 그러니 친구와 대화를 할 뿐이라고 쉽게 생각했으면 좋겠다. 그렇게 편하게 다가가면 한 줄만 읽어도 시공간을 뛰어넘는 새로운 친구가 생긴 것이니 꽤 멋진 일이 된다.

무엇보다 멈추면 어떤가. 몇 시간씩 그 친구만 쳐다보며 온종일 대화만 하는 일은 현실에서도 어렵다. 흥미가 떨어져서 멈추게 된다면 그 책과 지금 현재 결이 맞지 않는 것이고(나중에 다시 읽어볼 수 있기를), 졸려서 멈추고 잠들게 되었다면 자면 된다. 그만큼이 내가 하루에 최대한으로 읽을 수 있는 분량인 것이다. 하루에 꼭 많은 책을 읽어야 할까? 많이 읽기만 하면 좋은 걸까? 독서를 하지 않는 것보다 하는 것은 더할 나위 없이 훌륭한 일이지만 양보다 질이다. 그리고 책과 친해지는 것이 먼저다. 새로운 친구를 만나 다양한 이야기를 나눌 수 있다는 건 생명체의 특권이다. 책은 친구니까.

또 정보 습득을 위해서라면 꼭 책이 아니더라도 우리에겐 보다 효과적인 수많은 매체가 있다. TV 프로그램들은 물론 유튜브에도 재미있고 유익한 영상들이 정말 많다. 재미나 시각적 즐거움 외에 정보 전달과 습득에 있어서도 매우 효율적이다. 영상으로는 카메라 앵글이 한 번 돌아가는 3초 만에 배경을 보여주지만 소설로 바뀌면 5쪽 이상 할애하는 경우도 있을 정도니까. 그런데 소설이 원작인 작품을 먼저 읽고 영화화된 작품들을 보고 누군가는 종종 실망하곤 한다. 감독의 실수인가? CG가 따라가지 못하는 걸까? 난 그 이유가 상상 때문이라 생각한다. 소설을 읽어나가다 보면 행간에 자신만의 상상을 집어넣어 머릿속에 무언가를 그리게 된다. 그것이 독서의 매력이자 재미다. 영화가 내가 생각한 것보다 멋지면 감탄이 일고 상상보다 덜 멋지다면 만족하지 못하는 것 같다.

책을 읽는다는 것은 직관적이지 않은 활자라는 대상을 인식하고 이해하는 주체적인 활동이다. 능동적으로 사고하는 매우 주도적인 매체가 책이다. 멈춰져 있는 추상적인 관념을 머릿속에서 살아 숨 쉬게 하는 과정에서 개인의 생각이 반영된다. 그렇기에 저절로 멈추게 되지만 그래서 나는 능동적인 존재가 된다. 너무나 쉽게 멈춰서 다시 그 부분에서 또다시 시작할 수 있다는 것. 형체가 없는 것을 형체가 있는 것으로 만들어내고 형체가 있는 것을 다시 나만의 색깔을 가진 생각 덩어리로 만들어내는 것. 그 과정이 반복될 때 나다운 삶을 살게 된다.

반면 넷플릭스에 들어가 드라마나 영화를 볼 때면 끝날 때까지 멈출 수가 없다. 복잡한 사고 과정을 동반하지 않은 채 직관적으로 이해한다는 것은 너무나 쉽고 편안한 일이다. 러닝타임 내내 흡입력 있게 끌고 가는 힘이 영상 제작자의 능력이기도 하지만 멈출 수 없다는 것은 끌려가고 있다는 뜻이다. 종종 그냥 끌려 가고만 싶고 쉬고 싶어 영화를 볼 때도 있다. 다만 편안하기에 한없이 그 상태를 유지하게 되고 나도 모르게 중독이 된다.

지금처럼 미디어 중독을 방지하기 위해서인지 어릴 때 'TV는 바보상자'라는 말을 듣고 자랐다. 지금 생각해보면 방송국에서 짠 시간표대로 움직였다. 8시엔 〈세계명작동화〉 하는 날이니 일요 일 8시엔 꼭 일어나야 하고, 밥 아저씨가 나오는 4시에는 EBS를 봐야 했다. 〈축구왕 슛돌이〉와 〈피구왕 통키〉를 하는 3시에는 아무것도 할 수 없었다. 내 인생의 주인은 TV였다. 바보를 '나만의 생각으로 재해석하는 과정이 없는 사람'이라고 친다면 TV는 바보상자가 맞다. 그러니 영상물도 중간에 끊어보며 멈추어 생각을 하면서 보면 바보상자가 아니라 똑똑상자가 될지도 모르겠다. 손가락으로 정지 버튼 한번 누르는 게 뭐가 어렵나 싶지만 움직이고 있는 무언가를 멈추는 일은 보다 큰 에너지를 필요로 한다. 움직이는 공보다 정지 상태인 공을 쳐 멀리 내보내는 것은 훨씬 어려운 것처럼 말이다. 독서는 그 어려운 과정을 수반하기 때문에 가치가 있다.

OTT 서비스로 인해 내가 원하는 프로그램을 고르고 볼 수 있는 시대다. 내가 무엇을 볼지 선호하는 것, 그중에서 지금 읽고 싶은 책을 고르는 행위 역시 능동적인 사고의 개입이 들어간 것이라 볼 수 있다. 책꽂이에서 책을 뽑아내 반경 안에 두는 것부터가 독서다. 틀어놓으면 계속 내가 원하지 않는 무엇인가가 흘러나온다. 아니 정확히 말하면 내가 원하는 게 무엇인지 모르는데 원하는 게 나온다. 스티브 잡스의 말처럼 사람들은 원하는 것을 보여주기 전까지는 무엇을 원하는지 모른다. 내가 어떤 삶을 살기를 원하는지 알기 위해서 멈출 필요가 있다. 진짜 내 생각을 보다 깊은 곳에서 꺼내기 위해서는 멈출 수 있는 책을 읽어야만 한다.

카프카가 말했듯 책은 도끼다. 금도끼, 은도끼, 쇠도끼처럼 책도 수많은 종류가 있지만 어떤 종류의 도끼인지는 하나도 중요하지 않다. 자신의 얼어붙은 마음과 생각을 깨부수고 심연의 보물을 캐낼 수만 있다면 다 좋다. 그렇게 캐낸 보물들로 마음속 자기만의 방에 들어가 요리조리 조합하여 나만의 작품을 만들어야 한다. 그것이 책을 읽고 잠시 멈춰도 되는 이유다.

내가 책을 읽는 방법

앞선 이야기로 무작정 읽으면 안 된다는 걱정이 생겼으려나 내심 걱정이 된다. 책을 좋은 친구로 만들라 말해놓고 오히려 어렵게 만들어버렸나. 항상 보물을 캐겠다는 느낌으로 보지 않으면 안 되는 걸까. 그냥 즐기기만 하면 안 되는 걸까. 강연에서 만난 한 청중이 독서를 좋아하는데 독서 노트 때문에 슬럼프가 와서 한동

안 쳐다보지도 못했었다는 이야기에 매우 공감했던 나였다. 설거지를 하다 말고 나 역시도 무작정 보고 읽을 때가 많다는 게 떠올랐다. 아차 싶었다.

당연히 단순히 즐겨도 된다고 생각한다. 콘텐츠는 그렇게 소비되기 위해 만들어진 것이니까. 즐기기만 해도 우리에게 기쁨을 주었으니 임무 끝이다. 나도 별생각 없이 재미를 위해, 혹은 될 대로 되라지 하는 마음으로 있을 때가 훨씬 많다. 그래 놓고 생산자 마인드로 책을 읽으며 생각을 꺼내고 그걸 기록해보라 이야기하게 된다. 힘들게 읽었으니 이왕이면 그 김에 큰 효과를 얻었으면 좋겠으니까. 이상적이고 궁극적인 방향을 제시하는 데 초점이 맞춰져 있나 보다. 사실 아무리 좋은 책일지라도 내가 싫으면 별로인 거고, 스스로 재미를 느끼면 시키지 않아도 자기가 찾아서 하게 되는 법이니 즐기는 게 먼저다.

분명 어릴 때부터 책을 즐겼던 아이들도 학교에 입학하며 점점 책과 멀어진다. 책 읽으란 잔소리도 많아질뿐더러 글밥도 많아지고, 책상에 앉아 읽으라 시키니 공부 같아 싫단다. 각종 미디어와는 다르게 골치 아프다는 것도 한몫하는 것 같은데 무엇보다 반강제적으로 독후 활동이 시작된다는 게 즐거움과 멀어지는 가장 큰 이유라 본다. 나 같아도 읽은 모든 책에 대해 감상문이나 서평을 억지로 쓰라 하면 진심으로 정이 뚝뚝 떨어질 것 같다.

그래서 나는 독서 노트를 위한 독서 노트는 쓰지 않는다. 부담

없이 대충 읽고 대충 본다. 하지만 어쩌다 생각이 떠오를 땐 그 순간 기록해둔다. 편하게 읽어 나가다 관련한 아이디어나 느낌 등이 떠오르면 책 여백에 메모를 한다. 꼭 기억하고 싶은 문장도 표시해둔다. 그리고 하루를 마감할 때 다이어리에 그날 읽은 책의 제목 정도만 적어둔다. 인상적인 키워드가 있었다면 그것도 써두곤 한다. 그것만으로도 이 시기에 무엇에 관심이 있었는지, 어떤 생각을 했는지 유추해볼 수 있다. 이런 마음으로 책을 골랐고, 그 부분이 인상적이었고, 그래서 이런 마음이 들었구나 하고 말이다.

원문이 궁금해 다시 돌아가야 하는 경우, 그 책으로 돌아가 본다. 책에는 나만의 차례 목록, 즉 색인이 있다. 책 표지를 넘기면 나오는 빈 속지에 기억하고 싶은 페이지의 쪽수나 키워드들을 적어두곤 한다. 도서관에서 빌린 책은 읽을 때 앞쪽에 포스트잇을 하나 붙이고 시작한다. 책에서 기대하는 바와 얻고 싶은 목적이 특별할 경우 기록해둔다. 나중에 보면 그 이상의 지식과 울림을 얻는 경우가 대부분이니 책을 사랑할 수밖에. 한 번에 처음부터 끝까지 읽지 못한 경우 책을 덮을 때 그날 읽은 부분 중에서 꼭 기억하고 싶은 부분이 있다면 나만의 키워드를 적어둔다. 핵심 주제를 발견해야 하는 콘텐츠가 아니라면 내 마음을 움직인 부분이 가장 중요한 부분이다. 한 책당 단어 3~5개를 넘기지 않으려 노력한다. 반납할 때엔 그 포스트잇을 떼어서 일기장에 붙여놓는다.

책을 읽을 땐 주로 연필과 말랑자를 붙들고 본다. 학창 시절의 습관 때문인지 연필과 말랑자를 좋아한다. 글씨를 쓰면서도 지울 수 있을 것 같은 안도감과 울룩불룩한 부분에도 밑줄을 잘 긋고 싶어서다. 다시 읽을 때 밑줄이 산만한 건 싫어서 자나 책 띠지 혹은 신용카드 등 잡히는 걸로 최대한 직선을 긋는다. 그마저도 없을 때는 책 귀퉁이를 접거나 인덱스 필름을 붙이기도 한다. 재독을 하는 경우 처음 사용한 필기구와 다른 색으로 표시해둔다. 그러다 보니 여러 번 계속해서 읽은 책은 책 전체가 독서 노트가 된다.

나는 책을 빨리 읽는 편인데도 책을 다 읽으려면 2~3시간이 걸린다. 가끔가다 그 이상의 시간을 들일 만큼 애착이 생기는 책들을 발견하면 문장을 옮겨 쓰고 싶은 욕구가 올라온다. 솜씨 좋은 이들의 예쁘게 잘 꾸며진 독서 노트들처럼 만들고 싶어 의욕도 불타고 탐도 난다. 나중에 보면 얼마나 뿌듯할까. 하지만 역시나 내겐 꾸미는 재주는커녕 끈기도 없다. 깔끔하지 않으면 다시 보고 싶지가 않아서 품이 많이 든다. 그러니 몇 장 쓰고 말게 되더라. 거기다 다시 읽을 새가 없고 결국 원문을 가서 보게 되는 경우가 많아 내게 맞는 방법은 아닌 것 같다. 시간이 지나고 다시 읽었을 때도 같은 강도의 울림이 오는 문장은 고르고 골라 무조건 검색이 가능하게 저장해둔다. 문장을 음미하며 적을 때도 있다. 필사가 도움이 되려면 눈으로 보고 손으로 베끼는 게 아니라 한 문장을 곱씹고 기억해서 써 봐야 필사의 효과를 느낄 수 있었다. 내 생각도 함께. 아름다운 문장이 내 삶에 젖어 들어 나도 그와 같게 되기를 바라며.

가끔 '아, 그 문장 뭐였더라' 하면서 안타까울 때가 많았다. 그럼 문장이라도 기록해둘까 싶어 처음 읽을 때부터 인상 깊은 문장을 다 적어본 적도 있었다. 시간을 절약하지 않을까 싶어서. 하지만 읽어야 하는 정보량을 늘리게 되는 꼴이라 이것도 하지 않는다. 사실 거의 드러누운 채로 쿠션에 폭 안겨 책을 읽기에 불가능하다. 수많은 인물이 나오거나 도표나 그림으로 그리며 내용을 이해하고 싶은 책들을 읽을 땐 몸을 일으키지만 대부분은 그냥 읽는다. 글을 바로 쓸 만큼 내 생각이 쏟아질 땐 바로 키보드에 손이 갈 때도 있지만 엉덩이가 무거워서 그런 경우는 드물다.

분명 많이 읽었는데 읽은 책들이 다 날아가 버리는 것 같아 아까울 때면 여전히 독서 노트에 대한 미련이 남곤 한다. 하지만 날아가는 게 정상이고 다 사라지고도 남는 생각들이 진짜 내 것일 거라 믿는다. 더 많이 남기고 싶으면 더 여러 번 봐야지 뭐. 독서 노트를 쓰는 것보다 여러 번 반복해서 읽는 게 내겐 훨씬 쉬웠다. 그리고 수많은 단상이 모아지고 묵혀지면 하나의 주제로 묶어낼 수 있을 때가 온다. 그때 글을 쓰곤 한다.

쓰고 보니 나도 독서 노트는 아니어도 뭘 하긴 했나 보다. 억지로 하면 금세 지겨워지는 나를 알기 때문에 내킬 때 이렇게 보는 편일 뿐이다. 그래서 감히 강압적이고 정형화된 독후 활동은 때려치워도 된다고 말해본다. 대신 소심하게 외쳐본다. 순간 생각이 스쳐 갔다면 메모는 꼭 해달라고. 책을 읽은 권수보다 밑줄이나 생각을 모으는 게 훨씬 더 유익하다. 그 메모가 쌓여 부풀어 오르다 보면 저절로 자신만의 방식을 고민할 때가 온다. 필요 목적과 자신만의 생활 방식에 따라 시행착오를 겪다 보면 나름의 패턴이 생길 테다. 정답은 없다. 검사 맡을 것도 아니고 자랑할 것도 아니니까. 가장 중요한 것은 우선 책을 집어 드는 일이다.

* * *

방향을 잃으면
본질을 떠올린다

....

    서른 중반 즈음 나는 학교를 박차고 나와 독자적으로 일하는 작가이자 강연자가 되었다. 초심자의 행운이었을까. 처음 몇 달간은 여기저기서 강연요청이 들어와 바쁘게 지냈다. 하지만 얼마 지나지 않아 문득 깨달았다. 내가 다른 사람들의 요구를 기다리고 그에 반응하며 살아왔다는 것을. 가만히 있어도 일거리가 주어진 삶을 내 손으로 잘라냈다는 것을 말이다. 주도적인 삶을 살겠다며 환경을 바꿨으나 난 여전히 의존적인 태도로 살아가고 있었다. 가만히 있으면 책도 팔리고, 강연요청도 저절로 들어오고, 책도 써달라 할 줄 알았나 보다.

    달라져야 했다. 그때부터는 내가 주도적으로 일거리를 찾아 나서야 했다. 나를 대신해 일해 줄 사람은 아무도 없었다. 머릿속으로는 알고 있었고, 그쯤이야 해봤으니 할 수 있을 거라 여겼다. 하지만 예전처럼 또다시 먼저 고개 숙여야 한다는 현실은 말처럼 쉽지 않았다. 나름 제로 베이스로 시작하지 않겠다고 수많은 준비를 했으나, 내가 날 알려야 한다는 사실은 그대로였다. 세상에는 여전히 나를 아는 사람보다 모르는 사람이 대부분이니까. 난 그들에게 처음 본 신상품일 뿐이었다. 심지어 구매의 필요성마저 설득해야만 하는 낯선 카테고리의 새로운 상품이었다.

아무리 유익한 알맹이를 품고 있을지라도 누군가의 눈에 띄지 않으면 보여줄 기회조차 없는 법이다. 기계의 미세한 부속품으로 살아가기 싫어 다른 세상에 왔더니, 이젠 누군가의 간택을 기다리는 상품이 되어버렸다. 여전히 끌려다니고 있었다. 의무배급품이 아닌 상품이라는 것이 현실로 다가왔다. 쉽지 않았다. 낯부끄럽게 나의 경력을 내 입으로 읊어야 했고, 잘하는 것을 내 입으로 얘기해야 했다. 작가로 살고 싶었는데 현실은 영업직이었다. '굳이 이렇게까지 해야 하나, 안 하고 말지 뭐' vs '안 하면 나의 정체성은 무엇인가'라는 고민을 수없이 반복했다.

왜 나는 이 일을 하고 싶었었나. 왜 작가가 되고 싶었나. 왜 강연자로 살아가고 있는가. 내 생각을 담은 콘텐츠를 누군가와 공유하는 기쁨은 고등학교 방송부에서 프로듀서로 일할 때 처음 느꼈다. 다른 사람과 똑같은 말을 하는 것이 아닌 게 좋았다. 내가 중요하게 여기는 것을 말하고 전달하기 위해서, 즉 창작을 하기 위해 이 자리에 있는 거다. 억지로가 아니라 정말 내가 관심 있어 공부하고 연구한 주제를 재해석해서 사람들과 이야기를 나눌 수 있다는 것. 초등교사로 수업을 할 때도 그게 참 좋았다. 내가 먼저 공부한 지식을 아이들이 재밌고 쉽게 익힐 수 있도록 내 방식대로 요리조리 연구하는 게 재미있었다. 그리고 아이들이 좋아하는 걸 볼 때 가장 기뻤다. 교과서만 그대로 읽는 건 내가 아니어도 누구나 할 수 있는 일이었으니까.

교과서만 보고 문제집만 푸는 게 다가 아니며, 뭔가를 배운다는 게 재밌다는 것, 세상은 넓고 아름답기에 그것들을 탐구하기 위해 '공부'라는 걸 한다고 알려주고 싶었다. 세상의 모든 것이 공부의 재료이니 호기심을 잃지 말라고, '진짜 공부'가 필요하다고 말이다. 그리고 누군가가 고민을 이야기할 때면, 내가 아는 분야라면 모든 지식과 경험을 통틀어 답변을 하고 있었다. 뭘 써봤는데 너무 좋으면 나눠야 직성이 풀렸고, 어떤 책을 읽었는데 유익한 깨달음을 한가득 얻었다면, 눈물을 펑펑 쏟았다면 꼭 나눠야 했다. 그게 일상이었다. 내 본질이었다. 그렇게 구석진 데 숨어있는 나를 바라봤다. 그리고 용기를 냈다. 다행인 건 딱 처음 한 번만 해내면 되었다는 거다. 먼저 다가가 고개 숙이고 알렸다.

'제갈소정이라는 사람이 있습니다. 세상에 이런 상품도 있어요. 한번 써보시겠어요. 써보시고 좋으면 추천 좀 해주세요.'

처음에는 엄청나게 떨렸는데 하면 할수록 아무렇지도 않았다. 뭐든 처음만 어렵지 그다음은 똑같은 법, 아무렇지도 않았다. 혼자 옹졸한 자만심에 쌓여 있었을 뿐 다른 사람들도 다 그렇게 살고 있었다. 내가 중요하다고 생각하는 것을 한 명에게라도 알려 그에게 도움을 줄 수 있다면 되는 거였다. 난 이런 삶을 살고 싶었다는 것을 깨닫고 부끄러움을 이겨냈다. 홍보하는 건 부수적인 거였다. 유명해지는 건 내가 원하는 삶의 본질이 아니었으니까. 나눌 수 있는 기회를 얻으면 되는 거였다. 그래서 용기를 낼 수 있었다. 이메일도 보내고, 강사 인력풀에 등록도 하고, 강의 담당자와 교수님들과 미팅도 했다. 한번 알리고 나니 여기저기서 강연의 기회가 계속 이어졌다. 감사한 마음으로 메시지를 전달할 수 있는 기회만 있다면 어디든 갔고, 매 순간에 최선을 다했다.

그리고 나처럼 시작이 힘든 이들을 돕고 싶었다. 누구에게나 쉽게 강연의 기회가 주어지길 바랐다. 어느 누구에게나 배울 점이 있으니 그것을 나누고 배워야 한다고 생각했다. 사람은 저마다 살아가면서 중요하다고 느끼는 부분들이 있다. 그 주제를 직접 선택하고, 정해진 시간 내에 전달하기 위해 생각을 다듬어가는 과정은 스스로에게 큰 도움이 된다. 또 이를 공유하며 소통할 때 자신을 비롯한 타인들에게도 유익한 성장이 된다. 인생에 정답은 없기에 타인의 배움에 비추어 나만의 생각을 만들어가는 것이 진짜 공부라 생각했다. 그렇게 모두와 함께 만들어간 '배나시

(배움을 나누는 시간)'라는 강연프로그램을 통해 각계각층의 수많은 이들과 배움을 나눴다.

하지만 이 외에도 다른 문제가 또 있었다. 난 너무 열심히 하는 게 문제였다. 아니, 실제로는 그렇게 하지도 못하면서 마음만 앞섰다. 출퇴근 시간이 있는 직장과는 달리 독립생활자에게는 24시간이 다 주어진다. 속 편하게 놀자니 성과가 눈에 보이지 않았고, 하려고 하면 이제 막 말하고 걷기 시작한 아이들과 함께하느라 아무것도 할 수 없었다. 내게 주어진 시간은 아이들이 어린이집에 다녀오는 5시간뿐이었다. 그 안에 책도 읽고, 공부하고, 글도 쓰고, 강연도 다녀와야 하고 강의도 준비해야 했다. '이렇게 조금 일해서는 이도 저도 안 될 것 같은데, 지금 이럴 때가 아닌데' 불안감만 쌓여갔다. 잠을 줄이면서도 부족하다 여겼고, 자면서도 불안했다. 난 더 일할 수 있고, 더 잘 해낼 수 있는데, 다 환경 때문이라는 탓을 했다. 뭐 때문에 안 되고, 뭐가 없어서 그렇다고 생각했다. 쉬어도 쉬는 것 같지 않았고 가족들과 더 많은 시간을 함께하고 싶었는데 그러지 못하는 내가 한심했고 죄책감만 들었다. 무언가를 '더' 해야 한다는 사고방식이 습관이 되어버렸다.

물건도 똑같았다. 깨끗한 공간에 있고 싶었고, 청소가 쉬운 간소한 삶을 원했다. 그러면서도 물욕은 넘쳐났다. 더 좋은 기능과 깔끔한 디자인에 끌렸다. 없는 건 샀고, 맘에 안 드는 건 버리고 다시 샀다. 버리는 건 가장 쉬운 행동이다. 돈만 있으면 된다. 거추장

스러운 중고 판매도 안 해도 된다. 그러니 돈이 더 있으면 있을수록 좋았다. 이미 충분한데도 더 일해서 수입을 늘리면 된다고 생각했다. 한 시간씩 며칠만 일해도 예전 월급 이상을 벌 수 있으니 더 일하고 싶었다. 말은 노후 대비, 포장은 워커홀릭이었지만, 실제로는 더 쓰고 싶어서였던 것이다. 다른 사람들과 비교해 내게 없는 걸 찾아서 다 갖고 싶었서였다. 있는 건 더 좋은 걸로 바꿔가면서. 고대 로마 황제들이 포로들과 전리품을 앞세운 행렬로 성공적인 군사 원정을 자랑했듯이 말이다. 내가 과연 그들과 다를까. 사이즈만 다를 뿐 마음은 똑같았다.

좋은 것은 아무리 많아도 충분하다. 더를 외치면서 좋은 것이 보일 때마다 수집하고, 고통은 버리고 편리함만 추구한다. 망가지면 버리고 새로 사면 되니 함부로 다룬다. 다 바꿀 수 있으나 죽음은 피할 수 없다. 더 이상 바꿀 수 없는 노화된 몸을 마주하며, 진시황제처럼 명약을 찾아 헤맨다. 젊은 피를 수혈하며 젊어지기 원한다. 능력과 기억은 그대로 둔 채 몸뚱이만 바꾸고 싶어지는 마음을 품는다. 그게 안 되면 AI 속에 데이터라도 남겨 그 안에 존재하고 싶어 한다.

어느샌가 이런 과도한 욕심이 무서워졌다. 꼭 필요한 이들에게 유용한 과학기술도 본질을 잃으면 길을 잃는다. 수많은 역사와 작품들에서 다룬 인간의 위험천만한 행태들을 보며 나도 똑같다는 사실에 반성했다. 바뀌지 않으면 언젠가 이렇게 변할지도 모른다는 사실이 경각심을 갖게 했다. 난 그렇게 끌려가고 싶지 않다. 내가 왜 독립생활자로 일하고 싶었는지 다시 돌아봤다. 보다 여유롭게 내 시간을 자유롭게 쓰기 위해서였다. 시키는 일이 아닌 내가 하고 싶은 일을 하기 위해서였다. 그 일로 대체 불가능한 사람이 되고 싶었다. 내 삶의 주도권을 갖고 싶었던 거다. 하지만 더 많이 벌고 싶었다. 그럼 돈을 주는 사람에게 끌려간다. 많이 팔리는 것이 목적이 되면 언제나 본질은 흐려진다. 나의 문제점이 어디에 있었는지 퍼즐이 맞춰졌다.

인간의 가능성은 언제나 무한하며, 노력한 만큼 자신의 능력이 되는 아름다운 축복을 갖고 있다. 하지만 감사하며 그것을 사용하는 것과 '더'를 외치며 살아가는 것은 엄연히 다르다. 소중한 것들을 잃기 전에 내가 내린 선택에는 책임을 지고 싶어졌다. 내게 주어진 삶은 그냥 거저 얻어진 게 아니었다. 누군가에게는 절실하게 원했던 한순간이기에 함부로 다뤄서는 안 된다. 또 수많은 보살핌과 도움으로 아직 숨 쉬고 있는 것이기에 이 모든 걸 내다 버려서도 안 된다. 타인의 무언가를 부러워하기 전에 본질을 살피고 그 안에서 나다움을 꺼내쓰는 습관, 그게 아마도 완전한 소모가 아닐까.

여전히 수시로 헷갈리고 방향을 잃는다. 하지만 그때마다 단단히 서기 위해 본질을 떠올려본다. 무엇이 본질인지를 생각하면 해결책은 언제나 자연스럽게 따라왔다. 나만의 기준으로 나를 살피면 이미 충분하다. 내게 필요한 건 수시로 충분하다고 깨닫는 마음가짐이다. 이미 부족함 없이 충분하다. 다만, 끝까지 써보려고 하는 마음이 부족할 뿐이다. 충분함의 기준을 낮출수록 다른 것을 할 수 있는 자유로운 시간이 늘어난다. 가진 것이 충분하다고 느낄수록 만족감이 올라간다. 충분히 사랑받고 있음을 느낄수록 더 사랑이 충만해진다. 주도적인 삶은 충분함을 수시로 느낄 수 있는 삶이다. 그래서 오늘도 난 부족함이 없다고, 이미 충분하다고 말해본다.

매일 성장하는
식물처럼

· · · · · · · · · · ·

몇 년 전까지만 해도 반려동물은커녕 반려식물도 키우지 않고 살아왔었다. 어릴 적 개한테 물린 기억으로 동물은 무서워서 엄두도 못 내고, 식물은 우리 집에만 오면 세상을 떠나서 안 된다는 핑계였다. 사실은 나 혼자도 살아내기 힘든 나약하고 이기적인 존재라서다. 그래도 예쁘고 귀여운 강아지나 고양이가 주인을 알아보고 잘 따르는 것을 보면 키우고 싶다는 생각이 들곤 한다. 아이들은 오죽하랴. 하지만 갖고 싶은 것이지, 키우고 싶은 건 아닐 거다. 한 생명이 온다는 건 그만큼 더 큰 책임감을 필요로 하는 일이니까. 옆집 강아지들 덕분에 조금 익숙해지긴 했어도, 아직도 날카로운 이빨을 가진 동물이 무섭다. 그나마 식물들은 나에

게 덤비지도 않고, 돌아다니지 않고, 공기정화도 되고 예쁘다. 잔
소리도 없고 조용하다. 더하여 아이들에게도 식물이 자라는 모습
을 보여줘야겠다는 매우 이기적인 이유로 주택으로 이사 온 김에
식물들을 들였다. 그런데 웬일로 우리 집에 들여온 식물들이 잘
자라고 있다. 세상에서 가장 착한 친구 같은 느낌이다. 솔직히 또
죽겠거니 기대도 하지 않았는데 상상 이상으로 잘 자라서 이제는
정이 절로 간다.

　채근담에는 '권력으로 얻은 부귀와 명예는 화병 속의 꽃과 같
고, 재능으로 얻은 부귀와 명예는 화분 속의 꽃과 같으며, 덕망으
로 얻은 부귀와 명예는 숲속에 핀 꽃과 같다'는 구절이 나온다. 권
력과 재능 그리고 덕망에 대한 비유이지만 식물을 키우다 보니 오
히려 꽃 이야기에 눈길이 간다. 우리 집에 온 식물들이 갑자기 잘
자라서 드디어 가드닝 실력이 늘었나 착각했다. 당연히 아니지,
내가 아니라 자연의 힘이었다. 자연에서 온 꽃과 나무들을 땅에
돌려주었기 때문이었다. 뿌리가 없는 화병의 꽃은 화려하지만, 며
칠 가지 않아 시들고, 화분의 꽃 또한 물을 주고 수시로 가꾸지 않
으면 시들어버린다. 그러나 숲속에 핀 꽃은 공들여 가꾸지 않아도
잘 자란다. 볕과 바람, 적당한 수분과 뿌리를 깊게 뻗을 수 있는 땅
에 심었기에 스스로 자신만의 삶을 살아낼 수 있었다. 우리 집 앞
마당의 식물들보다 공원의 식물들은 더 잘 자란다. 새삼 양질의
토양에 뿌리를 깊게 내리는 것이 얼마나 중요한지 깨닫는다.

가지치기

한 번도 이렇게 긴 시간 동안 식물이 살아남은 적이 없기에 가지치기라는 것을 해본 적이 없었다. 블루베리, 토마토, 고추, 장미 등의 가지치기를 할 때면 너무나 가슴이 아프다. 얼마나 힘들게 순을 내고 싹을 틔워 이파리와 가지를 뻗어 냈을까. 그걸 잘라내야만 한다니, 불쌍하고 미안해서 쉽게 손을 대지 못했다. 전지가위를 들고 한참을 쳐다보고만 있었다. 자라는 것만으로도 너무나 감사한 일이지만 블루베리가 열매를 맺지 않으면 이 나무는 자신의 역할을 다하는 게 아닌 건지도 모른다. 곁가지를 잘라주지 않으면 열매를 맺지 못하고 다른 곳에 영양분이 다 쓰인다고 한다. 내가 심은 그 자리에서 움직이지 못한 채 열매를 맺고 싶어도 맺지 못하고 가만히 있는 식물이 가여워졌다. 주인인 내가 존재가치를 위협하고 있는 건 아닐까. 귀찮고 무섭고 안타까웠지만 그대로 보고 있을 수는 없다. 불필요한 곁가지들을 잘라내고 얼마 지나지 않아 꽃이 피고 더 큰 열매들을 맺었다. 장미는 자른 단면 바로 아래에서 가지가 새로 나와 또다시 꽃을 피웠다. 아낀 만큼 그 이상으로 보답해줬다.

나는 내 인생을 이렇게 귀하게 대하고 있는가. 삶의 불필요한 곁가지를 쳐내고 햇살과 바람을 쐬며 넓은 땅에 깊게 뿌리내리게 해주고 있는가. 아직 뿌리내리지 않았는데 과도한 영양분으로 뿌리를 썩게 하고 있는 건 아닌지, 물을 준답시고 과습으로 죽이고 있지는 않은지, 병충해 관리는 잘하고 있는지 반성한다.

벌레들

집 뒤쪽 작은 공간에 〈미녀와 야수〉의 장미 덩굴을 생각하며 울타리 대신 장미를 심었다. 코랄던 세 그루는 자랑하고 싶을 만큼 예쁘고 향기로운 꽃을 피워냈다. 그러나 장마와 태풍을 지나며 잠깐 방심한 사이 앙상한 나뭇가지가 되었다. 장미는 예쁘지만 다른 식물에 비해 특히 병충해에 더 약한 편이다. 5월 수십 송이 꽃을 피워낸 후 진딧물이 생기더니 비가 많이 올 때쯤에는 바이러스로 시들해졌다. 여름이 지나자 장미등에잎벌 애벌레까지 찾아왔다. 새로 이파리가 나오는 속도보다 애벌레가 갉아먹는 속도가 더 빨라 결국 줄기만 남고 말았다. 움직일 수 없어 속수무책으로 수많은 벌레의 공격을 당하는 착해빠진 식물이 불쌍했다. 벌레가 너무나 싫어 주택에 올 엄두도 못 냈던 내가 맨손으로 그들을 잡아 죽였다. 해충들도 좀 불쌍하지만, 나만 믿고 살아가는 생명 덕분에 없던 슈퍼 파워를 끌어낸다.

멀리 떨어져 보면 예쁜 꽃만 보이지만 이 꽃을 위해 조금만 더 가까이 자세히 들여다보면 수많은 생명체를 만난다. 이름 모를 수많은 벌레는 물론이고 장지뱀, 지렁이, 쥐며느리, 가을에는 바퀴벌레보다 큰 귀뚜라미가 펄쩍펄쩍 뛰어다녀 얼마나 놀랐는지 모른다. 나만 사는 줄 알았던 이 세상에 수많은 존재가 그야말로 생태계를 이루고 있다. 살아있다는 증거다.

사람은 확실히 만물의 영장이 맞나 보다. 그 책임을 다하지 못해 수많은 기후위기에 직면해 있긴 하지만. 분명 기르고 키우고 돌보며 기쁨을 느끼면서 우리가 성장하고 있다. 예쁜 꽃만 좋아 심었던 식물들이 관리자의 책임감을 필요로 할 때 귀찮았지만 살아있음을 느끼고, 가꾸고 돌본 만큼 커나가는 식물들은 나의 선생님이다.

겨울눈

식물들이 휴지기에 들어가는 겨울에는 농부들이 다음 농사를 준비하며 잠시 숨을 돌린다. 푸릇푸릇하던 풍경이 흑백 모드가 된 것처럼 색이 쏙 빠졌다. 앙상한 나뭇가지들을 보며 괜히 처지는 느낌을 받았다. 한창 식물들이 성장하던 봄, 여름, 가을에 들이던 각종 노력을 하지 않으니 잉여인간이 된 것 같아 한심했다. 길고 긴 겨울이 코로나 때문에 더 힘들게 느껴져 하던 일마저 다 포기해버리고 싶은 마음이 하루에도 수십 번씩 몰아쳤다.

하지만 내 생각과 다르게 겨울에도 자연은 살아있었다. 식물을 키우지 않았더라면 이걸 느꼈을까. 춥지만 햇살이 조금은 따스해졌다고 느꼈을 즈음, 물 한 번을 안 주고 신경 한 번을 안 썼던 작약들이 새순을 올리고 있었다. 이게 브레이크 스루라는 건가. 감동이 밀려왔다. 앙상한 나뭇가지에서도 이파리가 돋아났다. 죽은 줄 알고 포기했던 생명이 하루가 다르게 3~4센티미터씩 쑥쑥 커갈 때마다 내 마음의 희망도 같이 커져 갔다. 식물은 그 추운 겨울을 견디며 스스로 살아내는 힘이 있다. 수시로 좌절하고 낙담하며 포기하는 나약하기만 한 나와는 다르게 군소리 없이 견딘다. 그 인내는 어디에서 오는 걸까. 얼어붙은 딱딱한 땅을 뚫고 어떻게 그 보드라운 싹을 올릴 수 있는 걸까. 그 작은 겨울눈 하나로 어떻게 버티는 건지 존경스럽기까지 하다.

나무의 겨울눈은 겨울에 만들어지는 것이 아니라 무더운 여름철부터 만들기 시작하여 가을에 완성된단다. 가장 생명력이 왕성한 시기에 내년에 필요한 것들을 미리 준비하는 것이다. 가지와 잎, 꽃이 될 연약한 것들이 그 작은 겨울눈 안에 다 들어있다니 경이롭다. 벌의 마지막 태어난 애벌레들도 땅속에 숨어있다가 다음 해의 성충이 되는 것이란다. 힘든 시기에도 포기하지 않는 자연의 존재들이 멋지다. 날이 조금씩 따뜻해지자 내가 키우지 않는 잡초들이 보도블록 틈에서도 쑥쑥 잘 자란다. 그리고 저마다 다른 시기에 꽃을 피운다. 꽃을 피우지 않는 순간에도 식물은 하루가 다르게 성장한다. 결과가 보이지 않을 때라도 식물처럼 나도 힘을 내야겠다. 식물처럼 매일매일 성장하고 있다는 믿음이 다시 나를 일어서게 한다.

오늘도 내가 준 사랑과 관심보다 더 큰 기쁨을 돌려주는 위대한 자연의 존재에게 감동을 느낀다. 이 착하기만 한 반려식물에게 단점이 있다면 한창 날이 좋은 4~6월쯤 여행을 떠날 수 없다는 것이다. 물론 갈 수는 있겠지만, 내가 가고 싶지 않다. 물도 주고, 시든 꽃도 따줘야 한다는 핑계로 하루하루 달라지는 친구를 만나야 하니까. 나도 식물처럼 매일같이 성장하고 싶다.

내가 배움을 즐기는
이유

환절기를 맞아 감기나 알레르기 때문인지 종종 콧물이 줄줄 흐른다. 아이들도 마찬가지다. 영락없는 코흘리개다. 짱구 친구 맹구가 떠올라 나름 귀엽기도 하고 순박해 보여 웃음이 지어지지만, 내 몸은 반사적으로 움직인다. 그 콧물을 제대로 풀어내지 않다가 부비동염이 되어 한 달 넘도록 고생을 했기 때문이다. 아주 빠르고 전투적으로 닦아낸다.

아동 중심 교육의 선구자 마리아 몬테소리가 살던 백여 년 전의 어린아이들도 콧물이 줄줄 흘렀나 보다. 그녀는 재미있는 수업이라 생각해 손수건으로 코를 푸는 법을 가르쳤다. 그런데 몬테소리 여사가 코 풀기 시범을 보일 때 어느 한 아이도 웃지 않았단다. 더할 나위 없이 진지하게 수업에 임했을 뿐 아니라 수업 후 박수갈채까지 보냈다고 한다.

어린이들은 그동안 제대로 코를 풀지 못한다고 놀림당하고 야단맞으며 속상한 적이 많았었던 거다. 하지만 아무도 코 푸는 법을 제대로 가르쳐주지 않았다. 그걸 배울 수 있다는 것도 생각지 못했을 때 제대로 깨우치게 되었으니 얼마나 기뻤을까. 어린이들도 사회생활을 하기에 지저분한 모습으로 다니고 싶지 않은 마음을 몬테소리 할머니가 귀하게 어루만져 준 것이다.

고사리손의 작은 아이들이 초롱초롱한 눈으로 코 풀기 시뮬레이션을 해가며 열심히 수업을 들었을 장면을 떠올리니 귀여워 웃음이 지어지다가도 그들이 보여준 진지한 태도에 감탄이 절로 난다. 코 풀기를 가르치겠다는 생각을 한 몬테소리 선생님은 물론이고, 필요성을 느껴 열심히 배우는 어린 학생들이 나를 돌아보게 한다.

나는 무엇을 배우고 있는가?
어떤 자세로 배움에 임하는가?
그리고 무엇을 가르치고 있나?
과연 누군가를 진정으로 돕고 있는가?

누구나 자신의 경험과 지혜를 나눌 수 있는 세상이다. 주도적인 인생을 살아간다는 측면에서 생산자인 크리에이터가 많아지는 것을 진심으로 환영한다. 또 그들이 활동하며 배움을 주고받을 수 있는 교육 플랫폼의 확산이 긍정적이라 생각한다. 하지만 한편으로 배우는 학생의 입장에서 염려가 되는 부분도 있다. 시대가 변했으니 새로운 것을 배워야만 한다. 모든 배움은 귀하다. 사실이지만 끊임없이 등장하는 수많은 콘텐츠를 보고 있노라면 선택지가 많아 좋기보다 다 배워야 할 것 같은 압박감에 머리가 아파 온다. 이것도 배워야 할 것 같고, 저것도 배우면 좋을 것 같은데 그럴만한 돈도 없을 뿐 아니라 시간도 부족하다. 조바심이 스며든다. 그러니 그중에서 겉보기에 가장 멋지고 좋아 보이는 배움을 택하게 된다. 이왕이면 괜찮은 사람처럼 보이기 위해 인정받기 위해, 있어 보이는 수많은 자격증과 학위들을 선택한다. 효율적으로 나를 계발하기 위해서 말이다. 더 멋진 사람처럼 비칠 어떤 타이틀을 가져야 하지 않을까. 지금도 여전히 그 유혹에 시달리고 있다. 그 분야가 정말 더 배우고 싶은 건지, 박사 타이틀이 갖고 싶은 건지.

그동안 나도 헬로카봇의 차탄 엄마 전다해처럼 수많은 스펙을 모았다. 500여 개의 자격증을 가진 그녀만큼은 아니지만 그 캐릭터가 등장할 때마다 뜨끔했다. 난 무엇을 위해 배웠을까. 내게 꼭 필요했기보다 좀 더 나은 나가 된다는 희망을 돈을 주고 산 건 아닐까. 반성한다. 배움과 경험은 헛되지 않으니 배우겠다는 귀한 마음은 잃지 않되, 있어 보이려고 공부하는 사람은 되지 않아야지. 요만큼의 마음도 없는 데 억지로 스펙을 갖추기 위해 하는 배움은 하지 않아야지. 다시금 다짐해본다. 더 나은 나가 되는 데 꼭 화려하고 멋진 배움만 필요한 건 아닐 거라는 생각이 스친다. 순수한 마음으로 코 풀기를 배우는 어린이처럼 평생을 배워나갈 수 있다면 얼마나 좋을까. 또 몬테소리 할머니처럼 유치할지 모르지만, 꼭 필요한 걸 가르쳐줄 수 있는 선생님이 될 수 있다면 얼마나 좋을까.

아이들이 걸음마를 시작하면 한 발짝만 내딛어도 환호한다. 걷는 것만으로도 대견하기에 스스로 걸을 수 있도록 응원한다. 그리고 두 발짝 더 내딛도록 도와줄 뿐이다. 돌쟁이 아기에게는 걷게만 된다면 더 이상 바라지 않는다. 하지만 걷기가 익숙해진 이후에는 바른 자세로 걷는 방법까지 짚어줘야 한다. 더 늦어 허리 디스크와 골반 비대칭이 오기 전에 말이다. 골프도 처음에는 공을 맞춰 보내는 것을 배운다. 작은 공을 긴 채로 맞추기 위해 노력하다 보니 저절로 쓸데없는 힘이 들어간다. 그래서 힘을 빼는 데 3년, 힘을 올바르게 쓰는 데 3년이 걸린단다. 방향을 조절하는 것은 그다음이라고.

어린이가 성숙하기 위해서 나아가려고 할 때 필요한 도움을 제공하는 것이 교육이라 했다. 인간이라면 누구나 하고 있는 것들도 성인이라면 한 번쯤은 다시 배워야 할 필요가 있다. 의도한 것은 아니지만 생활습관을 고쳐나가다가 자연스럽게 기본 활동들을 점검하는 중이다. 덕분에 잠재력을 깨우고 있어 저절로 초롱초롱한 눈망울이 된다.

자신을 위한 것이기에 자발적인 자세로 이리저리 시도도 해보고 연구해본다. 분명 세수할 수 있고 말하고, 씹고, 걷고, 뛰는 것을 할 수 있다. 하지만 세월이 지남에 따라 변해가는 심신 컨디션을 지켜내기 위해서는 계속해서 다듬어 나갈 필요가 있다. 코 풀기 방법을 배우는 어린이처럼 제대로 세수하는 법, 잠을 자는 법, 혀를 제 위치에 두는 법 등이 얼마나 필요했던 것인지, 얼마나 중요한 것인지 새삼 깨달아간다. 멋져 보이는 배움도 탐은 나지만 알맞은 때에 자연스럽게 찾아올 거라 믿는다.

나는 배움을 즐긴다. 그리고 평생토록 배우고 싶다. 더 나은 사람이 되고 싶다. 그 나아지고 싶다는 향상심만큼은 참 꾸준하다. 뇌과학자들이 말하길 몸과 뇌가 변하면 자아와 영혼도 변하게 된다던데 시간이 흘러 직업도 생각도 바뀌어 가면서도 이 마음만큼은 참 일관된 것 같다. 알고 있는 것도 다시 단단하게 내 것으로 소화하고 단단하게 뿌리내리고 싶다. 아주 쉽고 작은 것부터 하나씩 다독여간다면 몬테소리 할머니의 표현처럼 스스로 편안하게 느끼고 따뜻한 정신적 빛을 발하는 활기차고 적극적인 영혼을 유지할 수 있지 않을까.

이제야 배움에 대한 소중함을 깨달았으니 바른 방향으로 그

향상심을 사용해야겠다. 성장을 넘어 성숙해지고 싶다. 세심하게 선한 쪽으로 방향을 조절해나가는 게 내겐 평생교육이다. 기본에 충실하고 매사에 호기심 어린 눈으로 평생 소소한 배움을 즐겨 하는 초롱초롱한 할머니가 될 테다.

하루를 되돌아보는
일기 쓰기

* * *

....

5학년 담임을 맡던 시절, 아이들이 가장 어려워했던 숙제는 일기 쓰기였다. "12살이니, 12줄은 써보자. 일주일에 1번만이라도 괜찮아"라고 독려했지만 몇몇 아이들은 그것도 아주 힘들어했다. 어떻게 하면 쓰게 할 수 있을까 고민을 하다가 진심을 담아 편지를 써주기 시작했다. 자신들이 쓴 글만큼 길게 칭찬과 응원의 글을 써줬다. 그렇게 일기는 아이들과 나만의 러브레터가 되었다. 직접적으로 자신의 생각을 말로 표현하지 않는 아이들과도 소통할 수 있었고, 각자의 재능과 특성에 대해 개별적으로 맘껏 칭찬할 수 있었다. 자신의 생각과 감정에 대해 자세히 쓰면 쓸수록 선생님의 사랑이 쏟아진다는 것을 알았기에 우리 반 아이들은 열심히 일기를 썼다.

일기 쓰기의 가장 큰 목적은 나만의 생각 꺼내기, 즉 하루를 되돌아보기 위해서다. 잠깐이라도 삶을 돌아보고 깊이 있게 생각하는 연습을 해야 그 하루가 내 것이 된다. 강연에서도 '가장 추천하고픈 단 하나의 데일리 루틴'이 있다면 알려달라는 질문에 "일기"라고 말했으나 모두 초등학생들 같은 표정을 짓고 있었다. 담임선생님처럼 매번 답장을 써줄 수도 없는 노릇이기에 휴대폰에 이모티콘 남기기로 시작해보라고 제안하곤 한다. 경험상 10초 미만의 시간으로 시작하는 게 가장 수월했다. 별것 아닌 것 같은 느낌이 들게 하는 것이 가장 중요한 포인트다. 아무리 힘들고 지친 날도 할 수 있게 만들어 두는 것이다.

그렇게라도 꼭 해야 하냐 묻는다면 진심으로 고개를 끄덕이겠다. 하루를 돌아보는 시간은 그만큼 중요하다. 우선 시작하는 것이 중요하므로 10초 습관이라도 들여야 한다. 끝이 안 보이는 정보의 홍수에 휩쓸려 오늘도 많이 배운 것 같은데 기억나는 것은 없으며, 역사상 어느 때보다 새로운 소식을 빨리 받아보지만, 나의 마음은 알아차리기 힘들다. 밤낮을 가리지 않고 외부와 끊임없이 연결되어 자극에 끌려다닌다. 그렇게 시간은 흐르고 어느 날 원치 않는 나의 모습을 마주하고 절망한다. 인생의 주도권을 송두리째 빼앗기기에 무기력해지는 것이다. 맘에 들지 않는 내 모습은 항상 이렇게 찾아왔다.

그래서 우리에겐 생각을 정리할 만한 피난처가 필요하다. 혼자만의 조용한 시간이다. 외부로부터의 자극을 차단하고 나를 마주하는 시간을 가지는 것이다. 가장 쉽게 말하려다 보니 매일 기록하는 일기日記로 표현했을 뿐이다. 잠시 멈춰 하루의 중요한 순간을 적는 단순한 행위는 인생을 바꾼다. 현인들이 수없이 이야기한 '자아 성찰'이라는 걸 하게 하기 때문이다. 피드백 없이는 성장을 기약할 수 없다.

어렸을 땐 그냥 숙제라서 일기를 썼을 뿐인데, 어느새 한 장 한 장이 쌓여 한 권이 되는 성취감이 좋았다. 칸을 빨리 채우려고 따옴표로 대화를 많이 적고 쓸 게 없어 자세히 적었을 뿐인데, 덕분에 과거의 기억이 선명해지는 것도 좋았다. 내 글의 유일한 독자인 선생님의 반응을 보는 것도 재밌었다. 그래서인지 일기검사로 도장만 찍어주는 선생님일 땐 대충 썼던 것 같기도 하다. 열세 살무렵에는 『안네의 일기』 속 일기장 키티처럼 나만의 비밀일기장을 만들었다. 아무 말이나 다 써도 다 들어주는 소중한 비밀친구였다.

공부를 할 때는 계획을 세우고 컨디션과 순수 공부시간을 파악하기 위해 스터디 플래너를 썼다. 일을 하면서 업무기록과 해야 할 일들을 적은 스케줄러로만 사용한 적도 많았지만 그것만으로는 부족했다. 생각들을 풀어내고 감정들을 정리하지 않으면 어김 없이 슬럼프가 찾아왔다. 또 기존의 플래너나 다이어리들은 쓰는 칸이 정해져 있어 하나를 꾸준히 쓰기가 어려웠다. 하지만 불렛 저널이라는 방식을 접하고 시행착오를 겪어가며 이제 내 나름대로 일기를 써가고 있다.

나는 일기에 모든 것을 다 적는 편이다. 일상을 살펴보니 인풋(입력)의 시간이 많았다. 프리랜서로 살아가다 보니 받아들이는 정보량은 갈수록 늘어났으나 그에 비해 정리도 안 되고 기억이 나질 않았다. 나름의 정보 정리 방법을 갖추게 되면서 효율이 올라갔는데 그중의 핵심은 바로 복기에 있었다. 하루를 되돌아보며 아웃풋(출력) 내는 시간을 가진 것이었다. 가장 중요한 것들과 꼭 기억하고 싶은 것들을 추렸다. 왜 보았는지, 무엇을 느끼고 배웠는지, 나라면 어떻게 해석할 수 있을지, 내 삶에 어떻게 적용할 것인지 생각해봤다. 왜 골랐는지 이유만 적어두어도 활용도가 몇 배 이상 올라갔다. 괴테나 故 이어령 박사님만큼 오랜 시간 동안 사색하지 못하는 날도 많았지만, 정보를 내 것으로 만들기 위한 시간은 잠깐이라도 꼭 가졌다. 무엇을 접하든 이 사고방식이 반복되자 많은 기록이 쌓였다. 일주일, 한 달, 1년 등 주기별로 다시 살펴보며 추려내고 자연스럽게 든 생각이나 감정들을 적어갔다.

일기를 쓰겠다고 빈 종이를 맞대고 첫 문장을 고민한 게 아니었다. 그냥 오늘의 하루를 떠올리고 기억나는 것들을 적은 게 시작이었다. 그날 한 일이 드라마 정주행뿐이었던 날은 드라마 제목을 적었다. 맘에 드는 대사와 주인공이 떠오르면 같이 적어두었고, 유튜브 영상에서 추천받은 것을 꼭 사겠다며 제품정보를 적기도 했다. 어느 날은 유독 펜을 잡기도 싫었는데 그럴 땐 스크린 캡처나 사진으로 기록을 남겼다. 그것들만 돌아보는 시간이 쌓여도 그 시기의 나는 무엇에 관심을 갖고 어떻게 살았는지 알 수 있었다. 나는 매달 가장 기억하고 싶은 사건, 가장 인상적인 책과 영상, 꼭 기억하고 싶은 이달의 문장 등을 뽑는다. 나만의 창의적인 생각이 아닐지라도 최애를 뽑는 과정 안에서 기저의 진짜 내 마음이 드러난다.

자주 어울리는 친구 다섯 명이 누구인지, 포털사이트 검색어가 무엇이었는지, 최근 읽은 책들은 무엇이었는지의 질문으로 그 사람을 알 수 있다고 한다. 만남이나 아이디어, 독서 노트 등을 정보의 출처대로 따로 기록한 적도 있었는데 내겐 산만했다. 무엇보다 통합적으로 살피기엔 부족했기에 한 곳에 모았다. 수많은 정보가 생각 및 감정과 만나 얼기설기 엮어졌다. 그리고 하루를 되돌아보는 시간 동안 다시금 정리되어 나만의 생각이 되었다. 같은 분야끼리 생각들이 모이자 한 분야에 대한 견해가 되었고 말과 글의 재료가 되었다.

그중에서도 나를 성장시킨 핵심은 감사와 회개였다. 매일 거저 주어진 수많은 것들에 감사할 것들을 꼽아본다. 감사할 수 없다면 행복감도 느낄 수 없음을 수없이 느껴왔다. 그래서 아이들과 함께 머릿속에서 작동되는 감사를 매일 입술로 표현한다. 그날의 잘못은 물론 힘들고 고통스러웠던 순간도 떠올려본다. '왜 이런 실수를 했을까? 되풀이하지 않으려면 어떻게 해야 할까? 이 고난이 주어진 이유는 뭘까? 이걸 통해 어떤 모습이 되기를 바라시는 걸까?' 어렵지만 마주해본다. 그래야만 하루 종일 바쁘게 끌려다니며 살았더라도 주체적인 삶을 살아갈 수 있으니까. 하루를 돌아보는 시간은 잠시 멈춰 걸어온 발자국을 살피는 일이다. 어떤 길로 왔고 이젠 어떤 방향으로 나아갈지 정한다. 과거를 기록하고, 현재를 정리하며, 나다운 미래로 나아가는 소중한 시간이다.

작문 훈련을 위해서는 문장의 형태를 사용하는 것이 도움이 되겠지만, 꺼내기를 위해서라면 서너 단어만 적어도 괜찮다. 수려한 문장보다 더 중요한 건 솔직한 내 생각과 느낌을 담는 것이다. 그날 찍은 사진에 한 단어 정도 메모를 덧붙이거나, 캘리그래피로 맘에 드는 한 단어를 표현해보는 것도 좋겠다. 만화와 같은 그림이나 색깔 등으로 기록하거나, 멜로디나 오늘의 노래 등 다시 돌아볼 수 있게만 한다면 무엇이든 좋다. 몸으로 표현하는 것이 편하다면 그것을 영상으로 남겨도 좋다. 형태보다 더 중요한 것은 본질이다.

무언가를 받아들이는 것이 익숙한 시대를 살아가고 있기에 처음부터 근원적인 생각을 끄집어내기는 쉽지 않다. 하지만 하루에 한 단어씩이라도 자신만의 생각을 기록하는 것은 감히 확신하건대 인생의 주인으로 살아가는 데 있어 가장 훌륭한 방법이다. 효율성을 중시하는 이 시대에 가장 적은 비용과 노력으로 인생을 바꾸는 놀라운 결과를 만들어낸다. 진정한 효율성은 속도가 아니라, 진정으로 중요한 것에 얼마나 많은 시간을 쓰느냐에 달려있다.

제2차 세계대전에 참전한 자세츠키라는 러시아 청년이 있었다. 전쟁통에 머리에 맞은 총상으로 인해 그는 아무것도 기억하지 못하게 되었다. 자기가 누구인지에 대한 기억을 비롯해 말과 글까지 잃은 그는 절망하기보다는 기억과 생각이 떠오를 때마다 메모했다. 자세츠키가 25년간 쓴 무려 3천 쪽에 달하는 글은 신경심리학자 알렉산드르 R.루리야의 『지워진 기억을 쫓는 남자』에 기록되었고, 이 책은 아직도 낭만적 과학을 대표하는 고전으로 손꼽히고 있다. 자세츠키가 이 작업에 매달렸던 가장 큰 이유는 그것들을 순서대로 배열해서 잃어버린 자신의 기억을 회복하고 재구성하기 위해서였다. 쓸모없는 인간이라 느껴지는 삶에서 벗어나 의미 있는 인간으로 다시 태어나고 싶었던 것이다. 인간의 삶은 되돌아보고, 진실로 기억되고, 적절히 활용될 때 빛이 난다. 기억은 수동적인 것이 아니라 기록이라는 능동적 행위로 완성되기 때문이다. 기록을 바탕으로 삶을 적극적이고 창조적으로 구성할 때 인생의 존재 이유를 조금씩 발견하게 된다.

어릴 적 딸아이는 가끔 구슬로 목걸이를 만들었다. 예쁜 구슬들을 모아놓고 고사리손으로 실에 구슬을 끼워나갔다. 색깔과 모양을 살피면서 자신의 기준으로 이리저리 순서를 정하는 모습이 마치 우리의 삶 같았다. 시간이라는 실은 누구에게나 있지만 구슬은 생각과 감정을 기록하는 자에게만 주어진다. '구슬이 서 말이라도 꿰어야 보배'라는 속담처럼 흩어져 있는 구슬은 실로 이어나갈 때만이 목걸이가 된다.

저녁에 쓰는 일기가 꽉 차 있는 것을 비워낼 때의 개운함을 준다면, 아침에 쓰는 일기는 숨어있는 보물을 찾아내는 벅찬 감동을 선사한다. 손을 움직여 끄적거리거나 그림으로 시작해보자. 내 안에서 꺼내는 생각과 감정들은 진실로 나에게 어울리는 구슬이다. 하루를 되돌아보고 구슬들을 자신만의 관점으로 구성할 때만 의미 있는 인생 목걸이를 만들 수 있다.

✦ ✦ ✦
특별하지 않은 일상에서
행복을 발견하기

집안일 하는 게 너무나 싫었던 시절이 있었다. 설거지며, 요리, 빨래, 청소, 정리정돈 등 해도 해도 티가 나기는커녕, 깨끗한 상태는 10분도 안 되어 도루묵이었다. 누가 알아주지도 않는 것 같고 안 하면 티가 나는, 도대체 이렇게 보람을 느낄 수 없는 일을 왜 해야만 하는 건지 억울하기 짝이 없었다. 또 바쁘고 귀찮다는 핑계였을까? 나는 그런 하찮은 일은 하지 않는 사람이라며 세상에 쓸모 있는 사람인 척하고 싶었던 것일지도 모르겠다.

'하루 중 가장 많은 시간을 할애하는 것은 무엇인가?' 생각해볼 만한 질문이다. 그것이 일상이며 곧 자신이다. 다양한 타이틀로 불릴지 몰라도 나는 엄마와 아내, 가정주부로 사는 시간이 훨씬 많은 아줌마다. 나의 일상은 요리와 청소를 빼놓을 수가 없는데, 과연 내가 바라던 삶인가? 이럴 거면 공부는 왜 한 건지 분이 났다. 희생을 당연하게 요구받는 삶이 싫었고, 괜히 가만있던 유교 사상 탓까지 했다.

'피할 수 없다면 즐겨라'라는 격언에 오히려 반발심이 들 만큼 배배 꼬여있었지만 어떻게든 극복할 수밖에 없었다. 벗어날 수 있지 않을까 싶어 타인의 도움도 받아봤지만, 할 일이 없어지지 않았을뿐더러 본질도 바뀌지 않았다. 인정하지 않으면 않을수록 불만은 더욱 커져 돌아왔다. 어차피 해야 할 일인데 기분 나쁘게 해 봐야 내 손해였다. 계산적인 마음으로 현실을 받아들였다. 그래도 좋아할 순 없었기에 갖은 애를 썼다. 최대한 집안일에 시간을 안 뺏기고 싶어, 어떻게 하면 효율적으로 다 끝내버릴지가 주된 관심사였다. 방법을 모르는 거라 생각해 쉽게 밥을 차리고, 치우고, 청소하는 방법이 뭔지 항상 연구하고 배우려 노력했다.

그렇게 살림을 위한 공부를 하다 우연찮게 살림 고수들에게서 공통점을 발견했다. 집안일이라는 '행위' 자체보다 그것을 하는 '마음'에 초점을 맞춘다는 것을 말이다. 제대로 된 문제점을 파악하지 못했으니 적확한 해결책을 얻지 못한 건 당연했다. 언제까지 이런 일들을 해야 하냐며 벗어나고 싶었던 시간은 삶의 기본기를 배우는 가장 필요한 수업이었다. 이걸 비로소 몇 년 전에야 깨달았다. 집안일은 누군가를 사랑하는 가장 쉬운 행동이며,

나를 사랑하고 아끼는 가장 효과적인 방법이었다. 이타심을 가진 진정한 어른이 되어가는 근사한 일이었으며, 중요한 가치를 상기시켜주기까지 했다. 대가 없이 누군가를 돕고 자신의 환경을 정돈하는 반복적인 일상은 인내심을 기르는 가장 효과적인 방법이며, 가지지 않은 것보다 가진 것에 집중하는 행위다.

이기적인 인간으로만 살아왔기에 누군가를 뒤에서 돕는 일, 티가 나지 않는 일은 익숙하지 않았고 내가 사라져 버리는 것 같았다. 인생은 주인공이 되는 것이 아니라 일상을 견디는 성숙함을 목표로 할 때 진짜 빛이 난다. 삶에 가치를 부여하는 것은 그 누구도 아닌 자신이다. 모두 소중하고 대단한 인생이다. 세상은 그중 주목받는 이들에게 박수를 보내곤 하지만, 타인의 가치관에 반응하는 삶에서는 누가 했는지도 모르는 많은 일을 볼 수 없다. 당연한 걸 당연하게 여길 수 있는 건 뒤에서 묵묵히 지켜주는 사람들이 있기 때문이다. 보이는 일은 보이기에 중요하지만, 드러나지 않는 일은 보이지 않기에 훨씬 중요하다.

지금 나를 움직이는 스위치가 어디 있는지, 여러 사람을 만나보고 많은 일도 해봤지만 찾기 힘들다는 이들을 많이 만난다. 빛나는 인생의 스위치를 켜는 첫걸음은 의외로 집안일에 있다고 강조하고 싶다. 사람이라면 마땅히 해야 할 일을 '해내는 나'로 매일 마주하는 것은 다른 일뿐만 아니라 관계와 감정에도 자신감을 북돋아 준다. 요리는 사랑을 전하는 가장 훌륭한 방법이자, 창의력을 발휘하는 아름다운 활동이다. 주어진 재료들을 이용하여 맛과 영양을 가진 음식으로 만들어내는 행위는 잠재력을 깨우는 인생과 닮았다. 정리정돈은 복잡한 것을 자신만의 체계 안에서 단순하게 하는 지식경영의 원리를 바탕으로 한다. 잡다한 정보의 덩어리들을 나름의 질서대로 갈래지어 구분하고, 배열하며, 순서 지을 수 있는 힘은 자신이 속해있는 환경을 직접 매만지며 키울 수 있다. 어지럽혀진 물건들을 점검하여 버릴 건 버리고 체계를 만들어 각각의 제자리를 찾아주고 나면 복잡했던 머릿속이 개운해지는 느낌이다. 어려움을 딛고 일어서는 나만의 회복탄력성 강화 방법 중 하나다. 청소는 사지를 사용하는 운동이며, 먼지나 더러움을 방치한 그다지 마주하고 싶지 않은 나를 만나는 두려움에 직면하는 일이다. 또 몸을 사부작 움직이다 보면 머릿속의 엉킨 생각들이 자연스레 풀어지기도 하니 이만하면 일석이조 이상은 되는 것 같다. 그렇게 매일 쌓아간 성취감으로 보다 큰 도전에 필요한 에너지를 비축할 수 있을 거라 믿는다. 사소한 일에 의미를 부여하지 못하는 사람, 보이지 않는 일의 중요성이나 당연함을 모르는 사람이 큰 일을 할 수는 없는 법이니 말이다. 평범한 일상의 반복은 비범함을 만들어낸다.

반복된 일상이 지겨워서 특별함만을 꿈꿨던 날도 있었지만 이제는 안다. 특별하지 않은 게 꽤 괜찮은 행복이라는 것을. 아침에 눈을 뜨는 것, 숨을 쉬는 것, 따뜻한 물 한잔을 마실 수 있다는 것, 아침 공기를 음미하고 감사한 하루를 시작하는 것, 빨래를 개고 자기 자리로 돌려보내는 것, 식사를 준비하다 창밖을 내다보는 것, 아이들을 꽉 끌어안고 사랑한다 말하는 것, 손가락을 움직여 지금 이 글을 쓸 수 있는 것. 아직도 돌아서면 나오는 설거지와 빨래 더미와 머리카락들이 별로지만 우리가 살아 숨 쉬고 있다는 증거가 아닐까. 여전히 평안한 마음을 갖기엔 부족한 흔들리는 아줌마지만, 오늘도 튼튼한 팔과 다리로 집안일하는 사소한 일상에서 인생을 배운다.

5장

나다운
인생을
만드는

삶의
지침들

자신만의 답안지를
채워 나가라

················

"옛날 옛날에 '괴테'라는 사람과 '괴벨스'라는 사람이 살았어요. 두 사람의 공통점이 뭘까요?"

낙엽이 구르는 것만 봐도 까르르 웃음이 나온다는 여고생들은 '괴'란다. 이렇게 각기 다른 반응의 청중들이 있어 강의할 맛이 난다. 괴테와 괴벨스는 둘 다 천재적인 언어지능을 가진 사람들이다. 하지만 그들의 말들처럼 삶은 너무나도 달랐다.

"고난이 있을 때마다 그것이 참된 인간이 되어가는 과정임을 기억해야 한다."

"가장 유능한 사람은 가장 배우기에 힘쓰는 사람이다."

"거짓말은 처음에는 부정되고 그다음에는 의심받지만 되풀이하면 결국 모든 사람이 믿게 된다."
"거짓과 진실의 적절한 배합이 100%의 거짓보다 더 큰 효과를 낸다."
- 괴벨스

괴테는 사람과 사람과의 관계를 중요시하고 삶의 경건함과 노력의 소중함을 알며 겸허한 태도를 지닌 사람이었다. 자신이 겪은 실연의 아픔과 고통과 슬픔을 예술로 승화시켜 『파우스트』, 『젊은 베르테르의 슬픔』과 같은 위대한 문학작품을 남겼고 아직까지도 독일의 대문호로 칭송받고 있다.

히틀러의 최측근이자 나치 정권의 선전관, 선동관이었던 괴벨스를 말하려면 히틀러 이야기를 빼놓을 수 없다. 나는 히틀러가 20세기의 가장 악명 높은 독재자라 그가 최고 권력자가 될 때, 당연히 쿠데타 등의 무력을 동반한 강압적인 방식으로 그 자리에 오른 줄 알았다. 하지만 그는 선거를 통해 독일에서 권력을 얻었다. 독일 근로자당이라는 소수당을 키워내 제1당 당수의 자격으로 독일 수상이 되었다. 민주적인 절차에 의해 지도자로 뽑혔으니, 아마도 사람들에게 허황되고도 현혹시킬 만한 공약을 내세웠을 거라 생각했다. 그런데 그 공약이라는 것이 날 뽑아주면 '첫

째, 독재하겠다. 둘째, 전쟁을 일으키겠다. 셋째, 유대인을 학살하겠다'였단다. 심지어 정권을 잡기 전과 후의 주장이 일관되게 똑같았으며 실천까지 아주 성실하게 해낸 드문 정치인이라고 한다. 이런 말들을 듣고도 독일 사람들은 어떻게 그를 뽑을 수 있었을까. 히틀러 뒤에는 바로 괴벨스가 있었다. 발음, 쉼, 띄어 읽기, 톤, 리듬감 등을 다 생각해서 만들어낸 연설문으로 사람들을 사로잡았던 것이었다. 괴테만큼이나 뛰어난 언어지능으로 쉬운 단어, 쉬운 문자를 드라마틱한 박자에 얹어 현혹시켰고, 강렬하고 웅장한 손짓, 발성, 목소리까지 연출시켜 군중의 이성을 마비시켰다. 같은 능력을 가지고도 누군가는 사람을 위로하며 살고 누군가는 살인마로 살아가는 것일까.

그들의 차이점을 교육심리학의 한 연구에서는 '9번째 지능(실존지능)'에서 찾는다. 실존지능은 삶의 근본적인 의미를 추구하는 지능이며, 우주에서 자기 자신의 위치를 알아내는 능력이다. 언어 능력처럼 인류 특유의 본성이며, 우리를 다른 종들과 구분하는 하나의 영역이기도 하다. '어떻게 살아갈 것인가'에 대해 고민하는 것에 따라 삶이 달라진다고 보는 것이다.

다중지능 이론의ᴹᴵ 창시자인 하워드 가드너가 처음으로 발견했고 지금도 학자들이 계속해서 연구해나가고 있다. 사람은 누구나 8가지 지능(음악지능, 신체운동 지능, 논리수학 지능, 언어지능, 공간지능, 인간친화 지능, 자기성찰 지능, 자연친화 지능)을 갖고 태어나는데 사람마다 뛰어나고 약한 부분이 다르며 여러 지능의 특정 조합에 따라 각기 다른 모습으로 살아간다. 9번째로 발견되어 9번째 지능이라 불리는 이 실존지능은 측두엽의 깊은 곳에 있다고 추정되며 8가지 지능의 상위에 있다. 즉 실존지능을 깨워 발달시킬수록 개인이 가진 8가지 지능들이 더욱더 성장할 수 있다는 의미다. 잠재력의 보고가 아닐 수 없다.

괴테와 괴벨스의 이야기는 내 인생에서 가장 큰 영향을 미친 이야기 중 하나다. 그래서인지 맨날 입만 열면 9번째 지능을 이야기하게 된다. 실제 연구진들을 제외한 일반인 중에서는 이 주제에 대해 가장 많이 떠든 사람이 아닐까.

교대에 들어가서 수없이 많이 들었고 임용고사 때문에도 달달 외웠던 그 다중지능이 이런 내용이었다니. 아마도 학교에서 아이들을 계속 가르치고 있었더라면 선생님들에게는 너무나 흔한 지식이라 더 알려고도 하지 않았을지도 모르겠다. 하지만 멀쩡히 잘 다니던 학교를 그만두고 나오다 보니 좀 더 일찍 '어떻게 살아야 할 것인가'를 진지하게 고민하게 되었던 것 같다. 그러던 차에 우연히 다시 만난 9번째 지능이 내 삶의 길잡이가 되어주었다.

아이들에게 '나는 왜 이 세상에 태어났을까? 이 세상을 보다 살기 좋은 곳으로 만들기 위해 나는 무엇을 할 수 있을까?'를 고민하도록 가르치라는 노학자 가드너의 말을 되뇌어본다. 학창 시절에는 가장 취약한 부분을 세상의 평균치까지 끌어올리는 데 모든 시간과 에너지를 쏟았다. 시험 합격을 위해서도 특히 점수가 안 나오는 부분을 커트라인 이상으로 끌어올릴 수밖에 없으니까. 학교란 어찌 보면 의무교육이라는 임무에 충실해 강점 발견보다는 어느 수준 이상의 실력을 가지게 만들어내는 곳일지도 모르겠다.

억지로 버텨냈고 취업을 하면 좀 더 쉬울 줄 알았으나 안타깝게도 어느 누구도 가르쳐주지 않는 연습 없는 삶이 이어졌다. 같은 선생님이어도 '어떠한' 선생님이라는 수식어가 필요했다. 자신만의 분야와 색깔을 찾아야만 살아남을 수 있었다. 잘하는 것, 좋아하는 것, 관심 있는 것, 그래서 더 연구하고 공부할 분야 등등 더 세부적으로 무언가를 찾아야 했다. 프리랜서로 가능성이 더 많은 세상에 나오니 더 막막했다. 차라리 학창 시절의 문제집의 정답처럼 누가 알려주면 좋으련만, 솔직히 그동안 답을 맞히는 것도 힘들었는데 이젠 심지어 답이 없는 문제를 풀어야 하는 지경에 이르렀다. 답이 없으니 족집게 과외나 일타강사를 찾아갈 수도 없었다.

'나만 어려운 건가? 이런 문제를 나만 찾아 헤매는 걸까? 도대체 행복한 삶은 뭐지? 어떻게 살아야 맞는 거지? 나는 왜 우리 부모님 밑에서 태어난 거지? 나는 어떤 뾰족함을 찾아야 하는 거지? 난 왜 살아야 하지? 내가 가진 지식과 경험으로 어떻게 살아야 하는 거지?'

그냥 남들처럼 돈 벌고 살면 될걸, 철학자도 아니고 괜히 이런 고민들 때문에 사서 고생인가 싶어 자존감이 뚝뚝 떨어졌다. 그런데 9번째 지능은 인간이라면 누구나 한 번쯤은 다 이렇게 고민한다고 이야기해줬다. 심지어 쓸데없는 게 아니라 오히려 좋단다. 잘하고 있는 거라고 위로해줬다. 어떤 답이 되었든 스스로 답을 찾아가는 과정에서 지능이 계발되며 그것이 나의 잠재력은 물론 삶의 만족도를 높여준다고 말이다. 나아가 나의 색을 찾은 후에는 세상에 어떤 식으로 풀어내야 하는지를 고민하게 했다.

답이 없는 문제에서 답을 찾기 위해서는 자신과 대화하는 법을 알아내야만 하며, 주변 사람들과 세상에 관심을 가질 수밖에 없다. 그렇게 찾아낸 나만의 신념은 고통과 고난의 시간을 거쳐 갈 때 버티는 힘을 만들어 줄 거라 믿는다. 인생의 어려운 문제를 맞닥뜨렸을 때는 잠시 멈춰 생각하고 진정한 가치를 고려하며 무언가를 선택해 나갈 수 있게 할 것이니까.

알고 보니 수많은 인문고전이 하는 이야기들이 다 위와 같은 고민들에 대한 자신만의 답이었다. 잠만 오던 벽돌 책들이 나에게 힌트를 준다고 생각하니 재밌고 궁금하다. 책을 읽어나갈 때마다 수많은 현인의 모범 답안지를 구경하는 재미가 쏠쏠하다. 그들의 지혜에 힘을 입어 나도 나만의 답안지를 조금씩 작성해가고 있다. 계속 수정하고 첨가하다 보면 뿌옇던 안개가 좀 걷히려나. 괴벨스가 아닌 괴테의 답안지에 가깝기를.

불필요한 습관들은
과감히 버려라

"이일은 이, 이이 사, 이삼 육, 이사 팔…"

재수학원에 앉아 아무도 들리지 않게 혼자 구구단을 외워보았다. 2단, 3단, 4단… 그리고 9단까지 다행히도 외우고 있었다. 고3 수능시험을 망친 두려운 기억에 단 한 번도 들여다보지 않았던 수학이 하필이면 첫 수업이었다.

'내가 미쳤구나. 이걸 어떻게 하려고 여기에 와서 앉아있냐.'

'대학 때 수학 과외라도 해볼걸, 넌 뭘 한 거니?'

'수학 문제라도 풀어보고 사표를 낼 걸 그랬나….'

책상 위에 놓여있는 수능 대비 교재를 펼쳐 수학 문제들을 보니 한숨이 절로 나왔다. 불과 며칠 전까지만 하더라도 아름다운 유니폼을 입고 하늘을 날며 미소 짓던 나였다. 그런데 지금은 추리닝 차림으로 갓 스무 살이 된 친구들 틈에 끼어 앉아 구구단을 외우고 있는 꼴이라니. 첫날이라 시험 볼까 봐 덜덜 떨고 있는 모습이 한심하기 짝이 없었다. 수업이 시작되자 상황은 더욱 심각해졌다. 3월 정규과정이 시작되기 전 한 달 반 동안 어려워하는 몇몇 단원만 집중적으로 공부한다는 안내가 이어졌다. 그리고 공통 수학부터 수학I 단원명을 불러가며 학생들은 더 배우고 싶은 단원에 손을 들기 시작했다. 불과 6년 만에 교육과정이 세부내용까지 바뀐 건지 단원명 자체도 아예 알아들을 수가 없었다. 내가 내린 결정에 두려움이 밀려들기 시작한 순간, 나의 소중한 첫 직장에 사표를 내던 날이 떠올랐다.

"정말 그만둘 겁니까? 잘 해왔는데?"

"네, 또 다른 꿈이 생겨서요. 이루고 돌아와 감사 인사드리겠습니다!"

"그럼 유학 갔다고 생각할 테니 열심히 공부하세요. 휴직으로 처리해 놓을 테니, 언제든 돌아오세요!"

"감사하지만 괜찮습니다. 나약해질 것 같아서요! 그동안 정말 감사했습니다!"

'그냥 휴직으로 해 달라고 할걸' 하는 생각과 동시에 '당당하게 감사의 인사를 드리러 가고 싶다'는 생각이 스쳤지만, 마음을 고쳐먹었다. 큰소리 뻥뻥 치고 나왔는데 실패했다며 다시 돌아가기는 죽기보다 싫었다. 또 다른 새로운 삶을 멋지게 살아보고 싶은 마음이 훨씬 더 컸다.

『손자병법』에는 전쟁터의 지형을 9가지로 분류하고 각 지역에서의 전술이 소개된 부분이 나온다. 그중 제일 처음에 '산지散地'가 등장한다. 자기 나라 영토 안에서 벌어진 전쟁이라 마음이 흐트러진 전쟁터를 말한다. 마지막의 '사지死地'는 속전속결로 전 병력이 분투하면 살아날 수 있고, 그렇지 않으면 전멸당하는 죽음을 무릅쓰는 지역을 일컫는다. 손무는 '산지'에서는 싸움을 해서는 안 되는 반면, '사지'에서는 전력을 다하여 결사적으로 싸워야 한다고 말했다. 사표를 내지 않고, 비행을 하면서 호텔에서 수능을 준비할까도 고민했었다. 위험부담도 적고 혹여 교대에 입학하지 못해도 난 여전히 승무원일 테니까. 하지만 '산지'에서 '사지'와 같은 절박함이 나올 수는 없는 법, 휴직 상태라고 한다면 비행도 수능도 제대로 되는 것 없이 흐지부지될 것 같았다.

약 2주간 변경된 입시제도를 살피며, 수능 대비 공부법에 대한 책을 여러 권 독파하고 결심이 섰다. 그리고 사표를 던진 채, 도망갈 데가 없어 목숨 걸고 싸우는 배수진을 친 전장의 병사들처럼 공부를 시작했다. '과연 해낼 수 있을까'라는 의심이 들 때마다 인위적으로 '사지'를 만들었던 초심을 떠올리며 이를 악물었다. 당시 부모님처럼 초등교사가 되고자 하는 꿈을 꾸며 이 상황에서 가장 빨리 꿈을 이룰 수 있는 길이 무엇인지 살펴보았다. 중등교사라면 교육대학원과 같은 길을 밟을 수도 있었다. 하지만 초등교사는 전국 11개의 교육대학교와 이화여대의 초등교육과, 교원대학교를 졸업해야만 초등학교 교사 임용시험 응시자격이 주어졌다. 나는 '서울교대'를 목표로 수능을 다시 준비해야 했다.

말로만 듣던 머릿속이 새하얘지는 현상으로 문제가 읽히지도 않았던 수능 날의 기억. 알량한 자존심에 아무에게도 말 못 했던 그 두려움을 또 경험하고 싶지 않았다. 때문에 재수는 절대 안 한다고 큰소리치던 나였다. 하지만 초등교사가 되기 위한 다른 방법이 없었고, 그 공포감을 언제까지 품고 다닐 수는 없었다. 일생일대의 중요한 순간에 제 능력을 발휘하지 못했었다는 실패감은 앞으로 멋진 인생을 펼쳐나가기 위해 꼭 극복해야 할 트라우마였다. 그까짓 공포감 한 자락이 매 순간 발목 잡게 놔둘 수는 없었다.

창고 따위에 쌓여 있는 물건의 수량과 종류를 확인하고 그것을 처리하는 작업을 '재고 정리'라 한다. 재고가 쌓여있으면 생산 공장뿐 아니라 신상품 판매에도 지장을 준다. 물건만 재고 정리를 하는 것이 아니다. 인생이야말로 수시로 재고 정리를 해주어야 한다. 자신의 일상, 커리어, 인간관계, 몸과 마음의 건강, 꿈 등에 관심을 갖고 살펴야 한다. 그리고 무엇을 버리고 무엇을 보관할 것인지 고민하는 것으로 시작하는 거다. 버릴 것은 버려야 공간이 생기고, 그제야 새로운 무언가를 채울 수가 있다. 주먹을 쥐고 있는데 어떻게 다른 것을 잡을 수 있겠는가. 정리 작업을 통해

'나'라는 개인의 자산 가치를 확인하고 그 가치를 높일 수 있다. '내 인생은 이대로 괜찮을까' 고민하는 사람일수록 인생의 재고 정리가 필요하다.

승무원으로 일할 때였다. 어느 날 비행 전 브리핑에서 사무장 님이 '제티슨jettison'이 뭐냐는 질문을 했다. 제티슨이란, 비상상황 시 항공기의 무게를 줄이기 위해 사람의 생명을 제외한 화물을 바다에 버리는 것을 말한다. 삶에도 제티슨이 필요하다. 불필요한 것을 버리지 않으면 나아가지 못한다. 과거와 결별해야만 앞으로 나아갈 수 있는 것이다. 인간은 항상 나아지기 위해 태어난 존재 다. 새로운 곳에 도전하는 사람은 기존의 것을 완벽하게 버려야 한다.

많은 이들이 원하지만 그만큼 되기 힘들다는 승무원이라는 직 업을 관둘 때, 당연히 쉽지만은 않았다. 확실하게 보장되어 있는 꿈을 향해 나아가는 것도 아니었고, 그것이 내 경력을 살리는 일 도 아니었으니까. 거기다 일반 신입 직장인보다 꽤 많았던 월급 까지 포기하고, 다시 청년 미취업 상태로 돌아가는 것은 위험부 담이 큰일이었다. 하지만 새로운 것에 도전하면서 과거와 결별하 지 못하는 것은 어찌 보면 실패를 안고 시작하는 것이었다. 가진 것이 많으면 실패확률이 높기 때문이다. 우선 일을 가려서 하게 된다. 힘든 순간이 닥칠 때마다 굳이 내가 이런 일을 할 수 있을까 고민한다. 조금 힘들면 차라리 돌아가 예전 일을 할까 하는 망설

임도 생길 게 뻔하다. 당연히 전력투구를 못 한다. 그러니 어정쩡하게 살다 실패한다.

이도 저도 아닌 인생을 살고 싶지는 않았다. 날 둘러싸고 있던 두려움과 공포감을 버리고 성취감으로 그 빈자리를 채우고 싶었다. 익숙한 것들과 결별하며 당당하게 성공을 맛보고자 했다. 정리하면서 버릴 수 있다는 것은 그만큼 후회가 없다는 것을 의미한다. 조금이라도 남아있는 미련을 버리고 강제적으로라도 확신을 갖기 위해 아예 사표를 던졌다. 과거와 결별하는 동시에 성공을 향한 비상이 시작되므로.

일본 최고의 정리 컨설턴트 곤도 마리에는 물건을 정리할 때 '나는 무엇에 설레고 무엇에 설레지 않는가?'를 기준으로 삼는다고 한다. 물건을 마주하고 설레는지의 판단을 반복하다 보면 설렘의 감도感度가 높아진다고 했다. 결국 점점 정리의 속도가 빨라지고 판단력이 좋아져 결단하는 순간에 제대로 판단할 수 있게 되는 것이다. '무엇에 설레는가?'를 판단한다는 것은 이 세상에 태어나 스스로가 어떤 사람인지 알 수 있는 중요한 계기가 된다. 버리고 비워야 나를 제대로 볼 수 있다. 인생을 설레게 하는 원동력을 찾아 가슴 설레는 미래를 맞이하자. 버리면서 채워지는 정리의 기적이 기다리고 있다. 진짜 인생은 재고 정리 이후부터다.

* * *

호기심을
유지하며 살아라

눈놀이를 할 수 있을 만큼 눈이 쌓이도록 많이 온 날, 아이들
은 정말 신이 났다. 희뿌옇게 된 하늘을 바라보고 있다가 눈 내리
기 전부터 옷을 다 입고 마당에서 팔짝팔짝 뛰어다녔다. 눈이 내
리기 시작하니 집 앞 공원에 가 눈싸움을 하다가 눈이 쌓이자 눈
사람과 눈오리를 만들고 끊임없이 또 다른 놀이를 시작했다. 눈
썰매로 종목이 바뀌자 아이들은 엎드려 타고 누워서 타고 여럿이
타고 다양하게도 타느라 겨울날 땀으로 목욕을 했다. 너무나 재
미있게 타길래 "진짜 재밌니? 안 무섭니?"라고 어리석은 질문을
해버렸다. 당연히 재미있으니 타겠지. 아이들은 싫은 것을 시키지
않았는데 할 리가 없는 순수한 존재다. 우문현답이라고 애들은

하나도 안 무섭다고 엄마도 타보라고 했다. 다행히 공원에는 가족과 동네 친구들 외에는 없었고, 남편이 잡아준다고 해서 용기를 냈다.

'아니, 이렇게 재밌을 수가. 뭐야, 이렇게 재밌는 걸 왜 어른들은 아무도 안 타는 거야?'

웃음이 절로 나왔다. 몇 차례 오르락내리락하다 쉬고 싶어 주변을 둘러보았으나 사방이 온통 하얀 눈밭이었다. 마땅히 앉을 곳도 없어 그냥 바닥에 주저앉았다. 한번 옷을 버렸다고 생각하니 행동이 과감해졌다. 내친김에 눈밭에도 누워버렸다. 계속 서 있었다면 주저앉을 생각도 못했을 거다. 눈썰매에 앉느라 시선을 낮추어 눈과 가까워졌고 친숙해졌기에 없던 용기가 생겼는지도. 손발을 몇 번 움직이니 눈 천사snow angel까지 만들어졌다. 한번 누워버리고 마니 아이들과 눈싸움이나 눈밭 레슬링도 전혀 두렵지가 않았다. 그야말로 아이들과 놀아주는 게 아니라 함께 놀았다. 기대 없이 새로운 경험을 해서인지 오랜만에 신이 났다. 아이들이 원하는 건 비싼 경험이 아니라 단지 함께 노는 것일 뿐이라더니. 수많은 가족영화가 스쳐 지나갔다. 아이들도 엄마와 아빠가 망가지는 걸 보더니 더 행복해했다. 함께 눈을 마주치며 깔깔거리는 시간이 참 소중하게 느껴졌다.

체면과 뒤처리를 생각하지 않는 경험은 내 안의 무언가를 깨우는 듯했다. 이런 게 동심이라는 걸까. 어린아이가 가진 창조성의 물결에 휩싸이면 우리도 아이가 될 수 있었다. 그동안은 주로 어른은 어른답게, 아이는 아이답게 할 일을 구분 짓고 따로 놀았다. 변명을 하자면 보호자의 책임으로 마냥 놀지 못했고, 항상 그랬듯 체면과 빨래나 정리 등 뒤처리를 생각하며 놀 마음이 사라졌다. 다행히도 그날은 끌려 나온 채로 느끼는 심심함과 지루함이 너무나 컸다. 보호자로 바깥에 함께 나와 있긴 해야 하는데 눈밭에 가만히 서서 추위에 떨고 있는 것 외에는 무엇 하나 할 게 없는 상태였으니까. 매우 지루하지만 점잖게 어른의 일을 하는 것 vs 조금 귀찮고 부끄러워도 같이 놀며 재밌을지 모르는 시간을 보내는 것, 무엇이 나를 더 사랑하고 인생의 주인이 되는 길일까?

하늘에서 내려오는 눈은 예뻤지만 어느 시점에서부터인가 바닥에 떨어지는 순간부터 회색이 되는 못생긴 눈이 싫었고 미끄러운 빙판길을 만드는 눈이 미웠다. 뭐든 무기력하게 끌려다니는 마음이 눈까지 전염된 건지 그런 나 자신이 별로였지만 오랜 시간 동안 심드렁하게 살아왔고 그런 감정 없는 상태에 익숙해졌다. 나도 처음부터 이러진 않았다는 사실을 분명히 기억한다. 너무나 추웠던 여섯 살쯤의 어느 겨울날, 집 앞 계단에서 눈 결정이 별 보석 모양인 걸 보고 얼마나 신기했던지. 그 설렘이 아직도 기억이 난다.

어른과 아이는 망원경과 돋보기, 서로 다른 호기심의 렌즈를 가지고 있다던데 난 돋보기 렌즈를 잃어버렸던 걸까. 가까이 있는 건 너무나 당연하듯 자세히 보려고 노력하지 않았다. 뭐든 정복하듯 '해봤음 됐어. 알았으니 됐어' 하며 새로운 것, 또 다른 것, 신상품을 소비하듯 색다른 것만을 찾아 헤매고 더 강한 자극과 재미만 찾아다녔다. 내게 없는 멀리 있는 무언가만 보기를 원했던 것 같다. 작가인 게리 폴 나브한은 아이들과 그랜드 캐니언에 갔을 때 뜻밖의 경험을 했다고 한다. 어른들은 당연히 발아래 펼쳐진 장엄한 경치에 넋이 나갔지만, 아이들은 땅바닥에 납작 엎드렸다. 바닷가 곳에 갔을 때도 비슷했다고.

"내게 잡힌 손을 뿌리치고 땅바닥에서 뼈, 솔방울, 반짝이는 사암, 깃털, 야생화를 찾기 시작했다."

우리 애들만 그런 게 아니었나 보다. 내가 하늘과 어우러지는 경이로운 풍경이나 건축물 등의 조화로움을 보는 대신 아이들은 땅의 작은 풀과 벌레만 들여다보고 있었으니까. 망원경의 렌즈로는 흔해 빠진 눈이지만 돋보기로는 각기 다른 특별함을 볼 수 있었듯이 말이다. 사람도 물건도 관심을 갖고 들여다보면 나만의 다채로운 보물이 된다. 모든 걸 찬찬히 볼만한 마음의 여유가 없었던 걸지도 모른다. 그러곤 괜히 "이건 어린애들만 하는 것이라 난 안 할래, 그 일을 하기에 나는 나이가 너무 많아, 그 일을 할 만한 시간도 돈도 없어"라고 말해왔다. 사실은 다시 초보자가 되어 저 낮은 레벨로 내려가 무시당하거나 다시 성장해야 하는 것이 싫었던 건 아니었을까. 못함을 마주하는 용기가 없었는지도 모른

다. 가까이 있는 것부터 자세히 들여다보는 게 꼭 후퇴하는 것만
은 아닐 텐데 말이다. 내 마음은 보호했을지 몰라도 호기심이 비
워진 마음 그릇에는 두려움이 차올랐다. 그렇게 핑계가 늘었고
피하는 게 많아졌다.

　노안이 생김에 따라 가까운 게 안 보이는 게 나이 들어감의 자
연스러운 현상이다. 그에 비해 멀리 있는 게 잘 보이니 숲을 보는
통찰력이 세세한 관찰보다 더 필요한 게 어른일지도 모르겠다.
하지만 망원경과 돋보기를 양손에 들고 적절하게 사용할 수 있
다면 얼마나 좋을까. 누군가에게 피해만 주지 않는다면 아이들과
함께 잘하지 못하더라도 춤추고 노래하며 같이 즐길 수 있는 어
른이 되고 싶다. '놀아준다'는 건 나와 아이를 구분 짓는 말이니까.
또 그를 존중받아야 할 존재로 인정하기보다 보호의 대상으로만
본다는 거다. 매번 그럴 순 없을지라도 가끔은 같이 놀 수도 있는
어른이 되고 싶다. "난 나이가 너무 많아"라는 말보다 "어린 시절
로 돌아간 기분이야"라는 말을 할 수 있으면 좋겠다. 타인을 의식
하며 더 그럴듯하고 멋져 보이기 위한 행동보다 아이와 같은 마
음을 일주일에 한두 번쯤이라도 느낄 수 있기를.

　겨울왕국의 기쁨을 다시 느낄 수 있다는 게 얼마나 큰 감사인
지 모른다. 한여름에는 그 추웠던 겨울을 떠올리는 것만으로도
왠지 기분이 상쾌해졌다. 날이 서늘해지니 곧 눈으로 뒤덮인 하
얀 공원을 마주할 생각에 마음이 설렌다. 하늘에서 내려오는 눈

과 함께 선물처럼 내려올 동심이 기다려진다. 아이들에게는 이런 마음이 끊임없이 솟구쳤던 걸까? 새로운 발견으로 매일을 살아 가니 신날지도 모르겠다는 생각이 든다. 아이들과 함께 어울리며 돋보기를 빌려 들고 나는 가끔 망원경을 빌려줘야지. 아이를 낳고 기르며 부대껴야 하는 이유가 이것 때문일지도 모르겠다. 평생토록 호기심을 유지하며 나답게 살라고 말이다.

* * *

보이지 않는 것을
보려는 마음을 가져라

벌써 20년은 족히 된 기억이지만 생생하다. 따뜻한 바닐라 라 떼 같은 커피 향을 풍기는 인천공항 특유의 냄새. 공항 리무진 버 스에서 내려 인천공항의 자동출입문을 통과하자마자 그 냄새에 아늑함을 느낀다. 한 손에는 돌돌이를 끌고 걸음걸이도 신경 쓰 며 눈이 마주치는 사람들에게 미소를 보낸다. 체크인 카운터에 가서 쇼업 Show-up(출석, 보통은 항공사의 베이스에 따라 그곳에서 비행 팀원이 모여 출석을 확인하고 브리핑을 한다.)을 하고 게이트를 확인한 후, 보안검색을 받기 위해 출국장으로 간다. 환송하는 지인들과 출국장 입장을 위해 여권과 티켓을 확인받는 승객들로 북적북적 하다.

줄은 항상 길다. 하지만 나는 하늘을 나는 스튜어디스! 승무원임을 증명하는 패스를 목에 걸고, 오른쪽에 있는 '관계자외 출입금지' 문을 통과하여 비행관계자 전용 보안검색대와 출국심사대를 통과하여 게이트로 간다. 설렘으로 가득한 공항의 들뜬 기운, 나까지 가슴이 뛴다. 승객들처럼 게이트 앞에 앉아 비행기가 도착하기만을 기다린다. 여태껏 하늘을 날고 온 비행기에 산소호흡기로 숨을 불어 넣어주듯 브릿지(비행기 문 앞까지 승객들이 탈 수 있도록 연결하는 다리)가 연결된다. 도착 승객들이 내리자마자, 돌돌이를 끌고 바로 들어간다. 나를 한참 쳐다보며 망설이시던 할아버지 승객 한 분께서 들어가려는 나를 붙잡고 여쭤보셨다.

"아가씨들은 그렇게 빨리 들어가서 뭘 해요? 청소도 아가씨들이 하나? 힘들겠어."

"비행기를 깨끗하게 해주시는 분들은 따로 계시고요. 저희는 승객분들을 편안하게 목적지까지 모실 수 있도록 여러 가지 비행 준비를 한답니다."

우리에겐 너무나 당연한 것인데 이런 게 궁금하실 수도 있겠구나 하는 생각에 웃음 지으며 대답해 드렸다. 승객으로 비행기를 탈 때 나는 한 번도 그런 생각을 해본 적이 없었다. 내가 아닌 타인에 대한 생각을 할 만큼 여유나 관심도 없었다. 승객일 때엔 여행 생각에 들떠서 사진 찍기에 바빴고, 승무원으로 첫 비행을 할 땐 교육받은 것을 암기하느라 정신이 없었다. 할아버지 승객의 질문을 계기로 다시 한번 돌이켜봤다. 내가 승무원으로 생활하며 가장 큰 깨달음을 얻었다면 무엇일까? 여러 가지가 있겠지만 그중에서도 나는 '보이지 않던 것을 보게 된 것'을 최우선으로 꼽겠다.

승무원은 단거리 비행과 같은 경우, '상해-인천-상해'와 같이 출발지를 떠나 다시 그곳으로 돌아가는 비행을 세트처럼 하는 경우가 많다. 물론 '김포-제주-도쿄-김포'와 같이 다른 곳으로 가는 경우도 있다. 그렇게 하나의 렉(leg : 출발지에서 목적지까지를 일컫는 비행용어)을 2번 혹은 4번까지도 하기도 한다. 비행기가 착륙 후 다시 이륙하는 데 걸리는 시간turn around이 짧은 퀵턴quick-turn에서는 다시 새로운 승객을 모시고 떠나기 위해 정신없는 비행준비가 이루어진다. 짧은 경우 30분 정도 만에도 다시 출발해야 하는데 이때 비행기에서는 승객들로서는 상상할 수 없는 진풍경이 펼쳐진다. 그야말로 전쟁이다. 각 분야의 '전문가 우렁각시'가 총출동하기 때문이다.

비행기가 도착하면 지상 직원이 기다리고 있다. 각종 서류를 주고받은 후 문이 열리면 승객들이 비행기에서 내린다. 마지막 승객이 내리자마자 브리지에 나 있는 작은 문을 열고 열 명 정도의 기내 청소원들이 순식간에 들어와 기내를 깔끔하게 청소한다. 조용하던 기내는 진공청소기 소리에 정신이 없고, 승객들이 사용한 담요와 쿠션 그리고 좌석의 머리보가 날아다닌다. 그것들은 순식간에 수거되고 깨끗한 것들로 다시 세팅되며 헝클어져 있던 좌석벨트와 기내잡지 및 면세품, 항공기 비상탈출 안내문도 깔끔하게 재정리된다. 화장실은 물론 햇빛가리개와 테이블 하나하나까지 청소와 소독작업이 진행된다. 한쪽에서는 비행기의 모든 문이 열리고 카트에 기내식 등 비행 물품이 실리며, 승무원들은 그것들을 체크하고 정리하기 바쁘다. 또 독서등, 안전대피 안내등, 망가진 좌석 등의 고장 여부를 확인하여 정비요원에게 전달하면 각종 정비 도구를 가지고 들어와 하나씩 다 고쳐준다. 지상 직원들은 탑승할 승객들 중 UM_{Unaccompanied Minor}(보호자 동반 없이 혼자 비행기를 타는 어린이 승객)과 같이 신경써야 할 승객의 정보까지 전달하여 서비스의 질을 높이는 데 도움을 준다.

이 난리 와중에 한쪽에서는 승무원들이 크루밀을 허겁지겁 먹고 다시 승객을 맞이할 준비를 한다. 사실 비행기가 연착되어 식사를 하지 못하는 경우도 많다. 객실 서비스와 관련된 부분만도 이러할진대, 운항과 관련하여서는 얼마나 많겠는가. 내가 승무원을 하며 조종실 너머로 본 우렁각시들만 해도 셀 수 없다. 조종사를 비롯해, 기체의 안점을 점검하는 비행정비사, 이착륙 전후 택싱을 돕고 비행기 연료를 채우는 지상조업사, 관제탑에서 비행기의 이착륙을 돕는 관제사 등 30분여의 시간은 정말 한 편의 정신없는 시트콤이다.

난 그동안 보이는 것에만 집중하고 보이는 것만이 다인 줄 알고 살아왔다. 분명 온 방을 다 뒤져도 찾을 수 없었던 호텔방 카드 키가 나중에 보면 이미 확인한 책 밑에 있는 경우가 허다했다. 인간의 오감은 생각보다 정확하지 않음에도 인정하지 않으려 했다. 하루에도 이착륙을 8번이나 하는 날이면 이러니 내 몸이 성할 리가 있냐며 불평하기만 했다. 승객들에게 보이는 존재로 감사함을 인정받는 축복을 누릴 수 있었는데도 말이다.

하지만 보이지 않는 곳에서도 자신의 역할을 묵묵하게 수행하는 각 분야의 전문가들을 접하며 보이지 않는 것에 대한 소중함을 깨달았다. 그리고 티 나는 것이 아님에도 각 분야의 달인으로 살아가는 분들에게 끝없는 존경심을 갖게 되었다. 누가 알아주는 것도 아닌데 최선의 노력을 한다는 것은 엄청난 내공을 필요로 하는 일이다. 보이지 않는 것을 볼 수 있는 마음의 눈을 가지고, 보이는 것만을 확신하는 자만심을 버려야만 삶은 풍요로워진다. 어디를 가나 이 모든 것을 가능케 한 보이지 않는 손길들은 존재한다. 학교에는 학생들을 가르치는 데 집중할 수 있도록 각종 시설을 정비해주시는 주무관이 있고, 맛있는 음식을 만들어 주시는 영양사와 조리사분들도 있다. 수많은 농수산물을 경작하고 이동하고 가공시켜주신 분들도 있고, 지금 두드리고 있는 노트북을 비롯해 이어폰, 의자 등을 만들어내는 데도 많은 분들이 정성을 쏟았을 거다.

현시대는 우주 이전의 카오스 시대처럼 복잡하고 혼란스럽다.

전쟁, 환경문제, 종교 분쟁, 경제 마찰, 인종차별 등 온갖 문제가 지구상에 넘쳐난다. 개인들의 삶도 별반 다르지 않다. 인터넷이나 신문, 텔레비전은 끊임없이 많은 정보를 쏟아내고 평범하게 느껴지는 나의 하루도 인간관계로부터 비롯한 각종 오해와 수많은 감정으로 번잡하다. 『물은 답을 알고 있다』의 저자 에모토 마사루 박사는 이 혼란의 시대가 찾아온 이유를 한 문장으로 정리했다. 세상의 모든 것이 조화가 아닌 분열로 향하기 때문이라고.

오감을 통해 느낀 것에 감사하다는 말이 입에 붙었다면 이제 보이지 않는 것을 발견해볼 때다. 수많은 이들의 노고에 감사함을 갖기 시작하면 세상이 아름다워진다. 그들 덕분에 살아갈 수 있다는 감동은 나도 최선을 다해야겠다는 다짐으로 이어진다. 최선을 다한다는 건 내가 할 수 있는 일을 나답게 소화할 때 극대화된다. 그렇게 나는 나답게, 그들은 그들답게 각자의 위치에서 묵묵히 맡은 바 책임을 다할 때 세상은 조화로 향할 것임을 믿는다. 지구상에 살아가는 한 개인으로서 할 수 있는 가장 작으면서도 강력한 방법일 테니 말이다.

"새로운 도전을 해나가실 때, 두렵지 않으셨나요? 어떻게 이겨내야 할까요?"

강연에서 항상 빠지지 않고 듣는 질문이다. 이것저것 척척 잘 도전해온 용감한 사람으로 비춰지는 모양이다. 그래도 솔직히 얘기할 수밖에 없다. 엄청 무섭고 두려웠다고 말이다. 승무원 관둘 때도 무서웠고, 다시 수능을 볼 때도 무서웠다. 두려운 마음은 나이와 성별을 불문하고 찾아온다. 세상 밖에 나오자마자 낯선 환경을 마주한 갓난아이부터 첫발을 내딛는 걸음마하는 돌쟁이, 새로운 상황에 직면하는 수많은 사람, 그리고 죽음을 앞둔 사람에 이르기까지. 모든 아기는 떨어질지 모른다는 두려움과 큰 소리에 대한 두려움만을 갖고 태어난다는 이야기를 들은 적이 있다. 나머지 모든 두려움은 환경과 학습에 의한 반응이라는 것이다. 자연스러운 두려움의 목적은 약간의 주의를 심어주어 자신의 신체를 보호하는 것이다. 사랑의 부산물이다. 어느 누구나 새로운 도전에 앞서 자기 사랑의 일환으로 겁을 먹는데 이는 지극히 정상이다. 다만, 우리는 그 두려움을 몹쓸 것처럼 여기어 '공포'로 심화시키며 극단적으로 몰아가기에 문제가 된다.

그래서 우리가 할 수 있는 첫 번째 방법은 두려움을 인정하는 것이다. 고3 수능을 앞두고 무서워졌을 때 '이러면 안 되는데, 나쁜 생각하면 망칠지도 몰라, 어쩌지? 난 두렵지 않다, 두렵지 않다!'라고 끊임없이 다그쳤다. 안 된다고 생각하면 그대로 이루어질까 봐 그 생각을 하지 않으려 노력했다. 하지만 이건 "코끼리를 생각하지 마세요!"라는 말을 들으면 코끼리를 생각하게 되는 이치와 같다. 무언가를 하지 않으려면 그 행동이 무엇인지를 생각해야만 한다. 실제 우리 뇌가 하는 일의 98%는 의식 수준 밑에서 이루어진다. 당시의 나는 겉으로는 아무리 두렵지 않다고 외쳤지만, 이미 두려움의 노예로 끌려다니고 있었던 거다. 무조건적인 긍정은 부정과 같다. 표면에 드러난 감정보다 그 기저에 깔린 내 속마음이 진짜다.

누구나 두려움을 가지고 산다는 사실을 인정했다면 어땠을까. 시험을 앞둔 사람은 모두가 좋은 결과에 대한 두려움을 가지고 있고, 새로운 시작 전에는 과연 잘할 수 있을지 의심한다. 알고 있는 고통은 알기에 무섭고, 모르는 건 몰라서 무섭다. 두려움을 인정해보는 것으로 시작해보는 건 어떨까. 특별하게 생각하지 않는 거다. 두려움도 역시 여느 감정과 같아서 가만히 두면 자연스레 사라지는 경우도 많다. 다만, 두려움은 늪과 같아서 그것을 생각하건, 벗어나고자 하는 생각을 하건 계속해서 빠져들게 된다. 없애려 하는 것은 반작용을 일으켜 더 큰 두려움으로 다가온다. 피하는 것이 아니라 똑바로 마주할 때 그것을 물리칠 힘과 용기가 생긴다.

둘째, 최악의 상황을 떠올려본다. 두려움의 끝이 뭔지 생각해보는 것이다. 그리고 눈으로 볼 수 있도록 적거나 그림을 그려본다. 무엇 때문에 그렇게 두려운 건지 더 이상 떠오르지 않을 때까지 계속 쏟아낸다. 내 안에 숨어있는 불안함을 찾아 꺼내 놓는 것이다. 이 행위만으로도 한결 가뿐해진다. 그리고 살펴본다. 머릿속에서는 끝도 없이 커지는 두려움이 글자라는 형체를 입으면 별것 아니라는 것에 놀랄 것이다. 생각보다 그리 많지 않다는 것도 깨닫게 된다. 또 이 정도 강도의 두려움은 어느 누구도 극복할 수 없을 것이며, 확률도 터무니없이 낮다는 것도 말이다. 실체를 알았으니 이제 더 이상 두렵지 않을 때까지 현실적으로 일어날 법한 일들을 대비하면 된다. 좋고 나쁜 상황을 모두 예상하여 대비책을 만들어 두는 것이다. 다음에 어떤 일이 벌어질지 상상하는 것은 주변 환경으로부터 자기 마음을 어느 정도 분리시켜 준다. 생생히 상상하다 보면 쓸데없는 두려움이 반 이상이며, 실제로 준비에 힘써야 할 것이 명확히 보이게 된다. 객관적인 시각으로 해결방법을 찾아본다. 내가 할 수 있는 것에만 초점을 맞추는 것이다. 완벽하다고 느낄 만큼 대비하면 자신감이 생기고 두려움을 마주할 수 있는 깡이 생긴다.

나는 중대한 시험에 대한 공포감이 존재했었다. 그걸 극복하기 위해 먼저 합격 수기와 공부법에 대해 낱낱이 살펴보며 핵심을 추렸다. 수많은 상황에 대해 운동선수들이 하듯 이미지트레이닝을 했다. 수백 가지의 인터뷰 질문을 준비하며 면접을 준비하기도 했다. 당일에는 머리부터 발끝까지 점검했다. 혹여 가는 길에 머리가 흐트러질까 비상용 헤어 제품을 챙겼고, 수정용 화장품은 물론 구두굽이 닳아 긁히는 소리가 나지 않는지 사소한 부분까지 다 점검했다. 또한 대기하는 곳에서도 표정관리 및 대화 내용과 자세에 신경을 썼으며, 면접장에서 문고리를 열고 인사하는 모습부터 착석하는 자세까지 수많은 돌발 상황에 대비하여 준비하였다. 그렇게 성공적으로 수많은 면접과 수능시험 등의 상황을 극복하다 보니 이제는 시험마저도 성취감을 얻을 수 있는 기회로 삼게 되었다. 새로운 도전에는 항상 시험이나 면접, 미팅이 수반되는 법인데 이것들이 무서우면 도전 자체가 무서워진다. 지금도 새로운 상황을 맞이하여 두려움이 엄습할 때면 관련 정보를 찾아본다. 상상해본 미래를 현실로 가지고 와서 지금 할 수 있는 일을 했다. 이게 상상의 쓸모이니까.

셋째, 두려움을 이기는 가장 효과적인 방법은 빠르게 행동하는 것이다. 두려움은 순식간에 불어나 갑자기 숨을 조인다. 조금이라도 두려움이 느껴질 때 재빨리 실행하면 두려움은 성취감으로 바뀐다. 작가의 장벽을 경험한 적이 있다. 잘 쓰고 싶은 마음은 가득한데 빨리 완성해내야 한다는 조급함이 뒤섞여 손도 못 대고 있었다. 시간이 흐를수록 작가로서의 생명은 다한 것 같다는 두려움이 나를 집어삼켰다. 다시는 책을 쓸 수 없을 것만 같았다. 두려움으로 무기력해진 나를 보며 수치심이 들었고 다시 한번 두려움에 빠졌다.

이 악순환을 끊어낸 건 바로 단 하나의 행동이었다. 바로 한 문장만 쓰는 것이었다. 아무것도 하지 않으면 의심과 공포가 생기지만, 행동하면 자신감과 용기가 생긴다. 썼으니 된 거였다. 오늘 아침에 글을 썼다면 당신은 작가라 했으니까. 그래도 뭔가 하고 있다는 사실이 위안이 되었다. 잘 쓰고 못 쓰고는 상관이 없었다. 분량도 중요치 않았다. 시간이 지나면 결과물은 쌓이기 마련이다. 이건 바뀌지 않는 진리니까.

의심은 해소시켜 주면 확신이 된다. 작가가 아니라는 의심은 쓰고 있다는 행위로 사라졌다. 낙숫물에 댓돌이 뚫리는 법이다. 절대 깰 수 없을 것 같았던 심리적 불안감은 사소하다고 무시했던 행동으로 조금씩 깎여 나갔다. 그 이후로 매일의 한 문장은 세 문장이 되었고, 한 장으로 발전하고, 그것들이 모여 결국 이렇게 책이 되었다. 원대한 목표에 압도당할 때면 시선을 돌려보길 바란다. 언제라도 할 수 있는 작은 행위가 모여 미래를 만든다. 그리고 자신이 할 수 있는 한 최선을 다하면 두려움도 사라진다. "더 이상은 못 해. 누가 해도 이만큼은 못 해" 이런 말이 절로 나올 정도면 결과에 대한 두려움도 사라진다.

마지막으로, 편안할 때 두려움을 대비해야 한다. 어느 누구도 두려움에서 결코 완전해질 수 없다. 위 방법들로도 안 먹히는 강력한 두려움이 언제고 또 올 것이다. 그래서 두려움이 쳐들어오면 이기기 쉽지 않기에 그전에 방어태세를 갖춰야 하는 것이다. 마음이 평온할 때 내가 먼저 미리 공격해서 적의 기세를 눌러주고, 취약점도 보완해두어야 한다. 지피지기면 백전백승이니 적이 주로 언제 쳐들어오는지, 원하는 것은 무엇인지, 어떤 방식으로 주로 공격해오는지 기억을 되살려 살펴봐야 한다. 성공과 실패 원인을 분석하고, 자신의 상황과 강점에 따른 전략도 짜두어야 한다. 언제 누구에게 지원을 요청할지도 말이다. 방어만으로는 승리할 수 없기에 공격도 할 수 있어야 한다. 정신적인 측면 외에 신체, 관계, 업무, 지적인 부분 등 영역을 나누어 평상시 관리해야만 한다. 매 순간을 나답게 잘 살아내는 것이야말로 최고의 공격이다.

내게 찾아오는 두려움은 잘 해내고 싶은 인정욕구에 기반하는 경우가 많다. 나는 몸이 피곤하면 만사가 다 귀찮고 힘들어서 할 일을 미룬다. 해야 하는데 못하는 마음 때문에 두렵고 조급한 마음이 든다. 그야말로 게으른 완벽주의자다. 특히 질 높은 수면을 취하지 못할 때 눈에 띄게 컨디션이 떨어지기에 이 부분을 신경 쓰려 노력한다. 또 여유를 가지기 위해 시간 관리를 하고, 매일 성경을 읽고 기도하며 길을 잃을지라도 나를 인도하실 하나님을 바라본다.

안전지대에 있을 때는 편하지만, 모든 기회는 안전지대의 바깥, 즉 도전지대에 있다. 무언가에 겁을 먹었다는 것은 도전지대에 한 발짝 발을 내딛었다는 증거다. 두려운 만큼 새로운 세상이 눈앞에 펼쳐질 것이다. 가보지 않은 곳이기에 스릴 있으며, 실패해도 또 다른 깨달음을 얻는다. 어떤 것이든 하고자 하는 것에 마음을 열게 되면, 우리가 치르게 되는 수많은 고난은 우리의 강점으로 이어질 거라 믿는다. 변화는 행운의 시작이다.

* * *

천천히 달려도
괜찮다는 위안

....

"같이 뛰어볼래?"

"한 바퀴 뛰고 와."

"살 빼려면 달리기를 하라니까!"

초등학교 시절 육상선수를 했다는 남편은 거의 매일 공원에서 6km 정도를 뛴다. 코로나로 급격하게 불어난 살도 저절로 빠져서 다이어트에는 달리기가 최고라고 그렇게나 입이 마르고 닳도록 얘기한다. 신혼 초에는 권유형이더니 갈수록 명령형이다. 언제나 입버릇처럼 다이어트 한다는 말이 붙어있기에 남편 입에도 달리기하라는 말이 붙어있다. 귓등으로 듣고 흘리는 건 선수가 되었지만, 왠지 모를 기분 나쁨이 스멀스멀 올라온다. 함께 살며 같이 많이 먹었으나 나만 살이 찌고 있다. 임신과 출산이 큰 변수이긴 하지만, 그냥 나만 망가져 가는 느낌이 싫었다. 무엇보다 체력이 예전 같지 않음이 절실했다. 큰맘 먹고 달리기를 따라나섰으나, 신혼 초 달밤 아래 공군 관사 내 활주로를 딱 하루 뛰고 곧바로 포기했던 그 시절이 떠올랐다.

나도 뛰고는 싶다. 근데 조금만 뛰면 숨이 찬다. 가뜩이나 하고 싶지 않은 것을 자신이 하고 싶지 않을 때 강요받는 것은 참 별로다. 난 빠르지 않고, 무엇보다 빨라지고 싶지도 않은데, 빠른 사람이 좋은 성적을 받아야 하니 억지로 뛰었고, 뛸수록 못하는 게 드러나니 더 하기 싫었다. 동기부여가 되어도 뛸까 말까인데 오래 달리기로 입안 가득 피맛 같은 고통만 느껴봤다. 이러니 마음의 문은 정말 닫혀버릴 수밖에. 그렇게 난 체육을 매우 싫어하는 학생으로 자라났고, 달리기는 절대 할 수 없는 일 중에 하나로 여겨왔다.

다행히도 난 잘 달리지는 못해도 잘 걷는다. 2만 보씩 걸어도 다음 날 또 걸을 수 있는 우람하고도 튼튼한 하체를 가지고 있다. 아이들과 잠시 떨어져 혼자 생각을 정리하며 조용히 있는 시간만으로도 나를 아껴주는 느낌인데, 운동도 된다니 일석이조다. 사계절 바뀌는 공원 풍경을 보는 재미로 그렇게 몇 년을 걸었다. 예전에는 분명 걷기만 해도 숨이 찼는데, 어느 순간 걷기만 해서는 심박수가 100이 넘지 않았다. 손목의 스마트워치는 100BPM을 기준으로 자동으로 운동 기록이 된다. 나름 운동을 하는데 운동으로 기록이 안 되니 오기가 생겼다.

'어랏, 열 받네'라는 생각을 시작으로 심박수를 높이기 위해 살짝 뛰어봤는데 웬일인지 덜 힘들었다. '어머, 뛰어도 괜찮잖아?' 너무나 당연한 말이지만, 나도 뛸 수 있는 사람이었다. '어차피 난 틀렸어, 난 안 돼'라고 포기한 것들 중 대표적인 하나가 달리기였다. 그걸 극복할 수 있다는 생각이 스치자 바닥까지 떨어졌던 자존감이 참깨만큼 생겨났다. 걷는 것보다 약간 빠른 속도 정도로 뛰다 보니 심박수만 올라갈 뿐 꽤 오래 뛸 수 있었다. 예전에는 남편을 따라 뛰다 순식간에 160BPM으로 올라가면 죽을 것 같았다. 그런데 희한하게 천천히 속도를 올리니 그 정도도 꽤 견딜 만했다. 심장이 터질 것 같이 너무 힘들면 포기하게 되지만 약간 힘드니 웬일로 조금만 버텨보겠다는 의지가 솟아올랐다. 점점 뛰는 속도를 높여도 보고, 한 번에 뛰는 거리를 늘려도 봤다. 못한다고 포기할 필요가 없었다. 힘들면 조금 천천히, 너무 느슨해지면 다시 좀 더 빨리 뛰면 될 뿐이었다. 내 페이스에 집중하다 보니 다른 사람의 시선은 눈에 들어오지 않았다. 누가 앞질러 간다고 위축되지 않고, 반대편에서 열심히 뛰어와도 느린 내가 부끄럽지 않았다. 그동안 하지 못하던 것을 할 수 있게 되니 스스로가 뿌듯할 따름이었다.

잠깐만 뛰고 말 게 아니니까. 대회에 나가 1등을 할 게 아니니까. 성적을 받는 것이 아니니까. 아무도 강요하지 않는데 그 순간 걷지 않고 뛰기로 결심한 건 나다. 집에서 드러누워 있을 수도 있었지만 꽤 기특한 선택을 했다. 운동화를 신고 현관문을 나설 때마다 보잘것없던 나 자신이 꽤 맘에 들었다. 순간의 나약함을 극복하니 자아효능감이라는 그 단어가 내 마음에서도 기지개를 켜고 일어나는 것 같았다.

그동안은 남편의 속도로 따라갔었나 보다. 남편이 아무리 천천히 뛰어도 내게는 너무 빨랐다. 쫓아가느라 내 적정 수준보다 보폭을 넓히고 보속을 빠르게 하니 순식간에 녹초가 되었다. 게다가 급하게 하려다 바르지 않은 자세까지 나왔다. 그렇게 에너지를 분산시키니 더욱더 힘들었다. 남을 뒤따라 가느라 자신의 페이스를 조절하지 못할 때 더 이상 달릴 수 없게 되는 거였다. 지레 겁먹을 필요가 없었다. 정말 자신만의 속도가 있구나 싶었다.

책을 읽는 속도도 마찬가지다. 한 달에 1권 읽기가 누군가에게는 너무나 쉬울지 몰라도 누군가에게는 하루 1쪽 읽기도 버거운 목표일 수도 있다. 처음에는 어느 정도가 적정 수준인지 몰라 타인의 기준을 참고할 수는 있다. 하지만 그 기준을 달성 못 한다고 '어차피 난 안 돼. 이번 생은 틀렸어'라며 기가 죽거나 포기할 필요는 없다. 주체적인 인생의 시작은 나만의 기준을 찾는 것이니까. 나만의 속도로 달성할 수 있는 목표를 세우는 게 허울 좋은 목표보다 훨씬 멋지다. 타인에 비해 느려도 꾸준히 할 수 있는 나만의 속도를 찾으면 그에 맞게 나의 근육도 자란다. 심장도 근육이라 심폐지구력을 키운다는 것이 진짜 체력의 일종이라는 것을 몸소 체험 중이다. 운동선수는 아니라도 일상생활에서 신체를 적극적으로 움직일 수 있는 능력인 '건강 체력'은 모두에게 가장 중요한 자산이다.

엄청나게 느리지만 그렇게 나도 러너가 되었다. 이제 한 번에 5km 정도는 뛸 수 있다. 인터벌로 뛰다 걷는 것을 반복하면 더 오래 뛸 수 있을 것 같지만 아직은 도전해보지 않았다. 난 오늘만 뛰고 말 게 아니라 내일도 뛸 거니까. 한 번에 30분씩 정도만 살살 조금씩 따박따박 적립해나갈 예정이다. 마라톤에 나갈 실력도 안 되고 경기에 출전할 생각도 없지만 그냥 너무나 기쁘다. 나도 드디어 무라카미 하루키처럼 달리기를 하는 작가가 된 건가. 내일 아침에도 꽤 멋진 나와 시시각각 변하는 공원의 풍경을 만나러 갈 생각에 기대가 된다. 내가 원하는 시간에, 나만의 속도로, 나답게, 부담 없이 뛰어야지. 혼자 뿌듯함에 배시시 웃음이 샌다.

진짜 꿈이 속삭이는
소리를 들어라

최근 학원가에서 초등부 의대 입시준비반이 성행하고 있다는 기사를 접했다. 최소 초등 4학년부터 미리 준비해야 수능에서 초고득점을 할 수 있다는 것이다. 영재학교, 특목고에 이어 이제는 의대를 가는 것이 트렌드인가. 의사가 꿈인 어린이들도 있겠지만 부모의 영향을 조금도 받지 않았다고 할 수는 없을 터, 입시문제를 다뤘던 드라마 〈SKY 캐슬〉이 떠올랐다. 드라마 속 부모들은 자신의 열등감 때문에 채워지지 않는 헛헛함을 자식의 삶에서 채우려 했다. 헛된 욕망을 추구하는 그들이 가슴이 아팠다. 이런 사태가 공공연하게 일어나고 있다니 한숨이 절로 나왔다. 이 시대에 대한 안타까움과 함께 우리 아이는 어떡하나 하는 생각이 휘

몰아쳤다. 분명 감사하며 살고 있었는데, 왠지 모를 초조함과 불안함이 물밀듯 밀려왔다. 이래서 사교육 시장은 불안을 먹고 산다는 말이 있나 보다. 숨어있던 욕망이 고개를 내밀 때마다 떠오르는 구절이 있다. 데이비드 포스터 월리스가 케니언 칼리지 졸업식에서 한 연설이다.

"모든 사람은 뭔가를 숭배한다. 우리가 선택할 수 있는 것은 그런 숭배의 대상뿐이다. 어떤 신을 숭배의 대상으로 선택할 강력한 이유는, 대체로 신 이외의 다른 대상은 우리가 그것을 숭배하면 거꾸로 우리를 산 채로 잡아먹는다는 것이다. 돈이나 물건을 숭배한다든지 거기서 삶의 진정한 의미를 얻으려 한다면, 당신은 절대로 그걸 풍족하게 갖지 못할 것이며, 충분히 가졌다는 느낌도 결코 가질 수 없을 것이다. 이것이 진실이다. 자기 몸과 미모와 성적인 매력을 숭배해보라. 그러면 당신은 언제나 자신이 못생겼다고 느낄 것이다. 권력을 숭배해보라. 그러면 당신은 결국 약하다고 느끼며 두려움에 떨게 될 것이다. 그리고 스스로의 두려움에 무감해지도록 계속 더 많은 권력을 필요로 하게 될 것이다. 당신의 지성과 똑똑해 보이는 것을 숭배한다면, 항상 들통날 찰나에 결국 스스로 멍청하다고, 사기꾼이라고 느끼게 될 것이다. 이런 형태의 숭배는 스멀스멀 널리 퍼지기 십상인데, 그것이 악하거나 죄악이라서가 아니라, 그것이 무의식중에 선택되기 때문이다. 즉 이러한 숭배는 기본으로 설정된 상태default setting라는 얘기다."

그는 타임지가 선정한 영어소설 100선에 뽑힌 미국의 포스트모던 작가다. 한계를 넓히는 글쓰기로 전 세계에 이름을 떨쳤고 그 분야의 성공한 삶으로 손꼽혔지만, 이 말을 하고 난 후 얼마 지나지 않아 자살했다. 산 채로 잡아먹힌다는 말을 증명이라도 한 건가. 굳이 '숭배'라는 단어는 사용하지 않을지라도 우리는 누구나 무언가를 찾고 그를 중심에 두며 살아간다. 종종 꿈으로 포장한 욕망으로 드러나곤 하는데, 이는 인간을 앞만 보고 달리게 한다. 드라마에서는 아이들이 의대를 위해 밤낮으로 공부를 하고, 아빠는 병원장이 되기 위해 주변을 돌보지 못한 채 달리느라 바쁘다. 그것이 자신들의 꿈인 줄 알았으나 빈껍데기만 발견했을 뿐이다.

실제도 별반 다르지 않은 것 같다. 세상이 만들어 놓은 결승선을 향해 달리는 게 익숙할 뿐, 내가 누군지 어떻게 살아야 하는지 생각할 여유를 갖기란 쉽지 않다. 가만히 있으면 못난 내가 보여 힘들고 도태될까 더 불안하니까. 달려도 달려도 끝이 없어 지쳐버릴 때, 몇 차례의 허무함을 맛본 후에야 깨닫는다. 꿈을 이뤄가는 것과 욕망의 노예가 되는 것은 엄연히 다르다는 것을.

천천히 달리거나 트랙에서 내려오면 안 될 것 같지만 진짜 꿈은 그렇게 속삭이지 않는다. 욕망에 휘둘리지 않으려면 바깥을 보기보다 안쪽을 들여다봐야 한다. 타인의 삶과 비교하여 무언가를 더해 내 삶을 완벽하게 만들기보다는, 나의 에너지를 고갈시키는 것이 무엇인지 찾아 비워내는 것이 훨씬 낫다. 가질 수 없는 것에 대한 지나친 욕망은 부러움을 낳고 열등감이 되어, 나에 대한 미움으로 자라나 자신을 잡아먹게 되니까.

절대 무리하는 삶을
살지 마라

승무원, 초등교사를 그만두고 프리랜서의 길을 선택할 때는 이 삶이 참 자주적이고 여유로워 보였다. 직장인에 비해 하고 싶은 일만 하며 사는 것 같았고 시간과 일정을 조절할 수 있다는 게 매우 주도적인 삶이라 느꼈다. 물론 그건 사실이다. 이런 삶의 방식을 살아볼 수 있다는 것에 매우 감사하다. 하지만 그리도 갖고 싶던 여유로운 삶은 직장을 때려치웠다고 해서 바로 찾아오지 않았다. '프리랜서는 프리하지 않다'라는 말이 왜 있겠는가.

언제 어디서건 경주마처럼 무조건 빨리 내달려야만 된다고 생각했었다. 학창 시절을 지나 대학에 입학하고 취업하는 삶을 살아오며 그것만 배웠으니까. 열심과 성실 나아가 그 실력을 갖추기 위한 노력은 당연했다. 항상 피곤에 절어있었고 그것이 미덕인 줄 알았다. 힘든 그 레이스를 견디게 하는 건 결승선을 통과하면 다 괜찮을 거라는 믿음이었다. 고3 때 살이 쪄 걱정을 하면 선생님이나 주변 어른들이 대학 가면 저절로 다 빠진다는 말들로 위로해주셨다. 수험생들은 그 말을 믿었고 나도 그런 말을 내뱉은 적이 있었던 것 같다. 빠지지만 저절로 빠지지는 않는다. 대학가면 해결되는 건 없다. '목표를 달성하면 다 해결된다'는 이상한 논리에 집단 감염이 되어 있는 것 같다.

광고나 드라마를 너무 많이 봤나. 트랙을 달리면서 곁눈질로 본 여유로운 삶은 항상 결승선 끝에만 있었다. 힘들지만 좀 더 달려보자고 다독였다. 그래서 빨리 가는 길, 하지만 어떤 목표든 그 성취 후에는 잠시의 해방감만 찾아올 뿐 또다시 트랙에 들어서는 나를 발견했다. 누가 시키지 않아도 불안해서 또 달렸다. 결승선을 통과한들 좋은 결과가 없으면 무조건 꽝이었다. 그러니 실수는 용납되지 않으며 항상 잘해야 한다. 운 좋게 몇 번은 좋은 성과를 거둘 수 있겠지만 확률적으로도 실패가 더 쉬운 게 세상 이치다.

얼마만큼 가지면 만족할 수 있는 걸까? 얼마만큼이 나의 최선일까. 언제까지 달려야 하는 걸까. 어디서, 언제 멈추면 될지 알고 싶어졌다. 파이어족이나 조용한 퇴사자라는 말들이 나오는 건 나와 같은 이유가 아닐까 생각해본다. 끝이 없어 보이는 경기는 지쳐 그만두고 싶지만, 누리고 싶은 것은 많기 때문이라고 말이다.

부자 되기 책이나 투자 관련 서적들을 볼 때면 그들의 노력과 선택에 존경심이 절로 우러난다. 따라 하지도 못하는 게 내 문제지만 그보다 더 심각한 건 따로 있다. 결승선 끝에서 누리는 여유와 호사를 나도 모르게 기준으로 삼는다는 사실이다. 결과를 보여줘야 설득이 될 테니 그들의 잘못이 아니다. 하지만 이 정도는 돼야지. 그 정도 레벨을 달성하지 않으면, 그만큼 갖지 않으면 아직 더 달려야 하는 거라고 부추기는 것 같다.

게임을 할 때 레벨을 빨리 올리고 싶어 현질을 한 적이 있다. 퍼즐 게임의 어려운 스테이지를 쉽고도 빨리 끝내고 싶어 각종 아이템을 다 동원하고 부질없이 광고도 1분씩 봤다. 그러다 결국 유료 아이템과 생명을 구입하고 레벨을 올렸다. 스머프 빌리지 게임을 할 때는 빨리 농작물을 길러 돈을 벌고 예쁜 집을 짓고 마을을 꾸미고 싶어 시스템 시간을 돌리는 치트키까지 사용하기도 했다.

여기까지만 올라가면 그만 사야지 했는데 어느새 또 게임머니를 충전했다. 만 원씩 3번, 그 정도에서 끝냈으니 망정이지 큰일 날 뻔했다. 지금 생각해보면 난 게임 세상에서도 기다릴 줄 몰랐다. 다 때가 있는 법이고 기다려야 할 줄도 알아야 하는데 난 항상 성급했다. 그냥 빨리 결승선에 도착하고 싶었다. 자본주의 사회에서는 보다 빨리, 손쉽게 효율적으로 내 것으로 만들기 위해 돈이면 안 되는 게 없다고들 한다. 불평한들 나 역시 그것에서 자유롭지 못한 불완전한 존재다. 실력도 안 되는데 더 많은 걸 갖고 싶어 스스로를 갉아먹는 이런 날 어쩜 좋을까.

"조금 덜 피곤하게 살려고 노력한다."

얼마 전 배우 이정재 씨의 인터뷰를 보며 묘하게 안도감을 느꼈다. 에미상 후보에 노미네이트 되었다는 소식이나 영화감독 데뷔 이야기가 주된 이야기였지만 난 '피곤하지 않게'에 유독 눈길이 갔다. 프리랜서가 되어 24시간이 내 것이 되자 열심히 살아서 조금이라도 더! 잘! 빨리! 해내야겠다는 마음이 더 커졌다. 아직은 도달하지 못했다는 압박감과 나만 도태된다는 두려움 때문에 기다리지도, 멈추지도 못했다. 그러다 너무나 지치고 힘들어, 나도 모르게 목표를 매우 줄이고 의도적으로 조금씩 내려놓고 있었다. 하지만 예전처럼 최대치로 내달리지 않는 변화에 어색했고 잘하려고 노력하지 않는 게 불안했다. 정말 이래도 괜찮은 걸까. 두려웠던 내 마음에 이정재 씨가 '좋아요' 하나를 눌러줬다. 지금처럼 계속 이 페이스로 가도 괜찮을지 모르겠구나 하는 조금의 확신이 든다.

무엇보다 이제는 매일 밤을 새우고 매일 최대치를 해내도 그 다음 날 멀쩡했던 내가 아니다. 독한 마음도 예전 같지 않음을 절실하게 느꼈기에 일을 하거나 즐기기 위해 밤을 새우지 않는다. 평소보다 조금이라도 늦게 자거나 수면의 질이 떨어지면 다음 날 컨디션이 확 달라졌다. 몸이 살짝 안 좋은 정도면 괜찮지만 매번 정신에도 영향을 미쳤고 우울해졌다. 감정에 지배당한 나는 최소한의 목표치도 달성을 못 했고 자괴감에 빠졌다. 이제 불가피한 일이 아닌 이상 이 악순환의 굴레에 빠지지 않으려 노력한다. 인생은 장기전이고 중요한 시험들은 하루 바짝 한다고 좋은 결과를 가져다주지 않으니까. 괜히 아이들과 시간 탓만 했다. 오랜 시간 붙들고 있다고 해서 결과물이 나오는 게 아님을 수년간 겪으며 이제는 놓기도 하고 멈추려고 노력도 한다. 벼락치기가 통하지 않는 게 진짜 삶이라는 걸 프리랜서가 되고 알았다.

한계치에 넘어서기보다 최소치에 집중한다. 잠재력을 발현시킨답시고 벼랑 끝으로, 데드라인으로 몰아세우는 건 하지 않는다. 다시는 돌아오지 않을 하루이기에 욜로You Only Live Once라는 마음으로 최선을 다한다. 하지만 오늘이 끝인 것처럼의 욜로는 아니다. 나의 능력과 체력의 한계를 알아가고 있다. 절대 무리하지 않는다. 조금씩 내 업무량 최소치의 수준은 오르면 좋겠지만, 기준은 무조건 내일 나가떨어지지 않는 정도다. 나에게는 내일도 주어질 테니까. 하지만 삶의 끝은 모르는 거니 '지금 멈춰도 뭐 후회는 되지 않아' 정도의 최소치는 하려고 노력한다. 가랑비에 옷 젖듯이 그게 반복되고 쌓이면 하루 바짝 잘한 것보다 훨씬 나으니까.

쳇바퀴 돌듯 살아가는 직장인의 삶이 답답해 보였으나 결국 나도 어느 정도 고정적인 스케줄로 규칙적이게 움직이고 있다. 프리랜서가 가지지 못하는 안정성을 나도 모르게 찾아가나 보다. 기다릴 줄 알고, 멈출 줄 알고, 피곤하지 않게 살고 싶다. 나를 좀먹지 않는 수준의 최선을 다하기. 그러면서도 즐길 수 있기를. 팔순이 넘으면 가능할까? 그 경지에 이르려면 아직도 멀었지만, 사람은 꿈꾸는 대로 닮아갈 수 있다니 그렇게 살아보련다. 매일 세포가 새롭게 바뀌듯 지금 이 생각도 또 바뀌겠지만 기회가 주어지면 폐 끼치지 않게 열심히 하고, 되든 안 되든 글도 계속 쓸 것이다. 오늘도 한 꼭지는 썼으니 됐다. 더 피곤해지기 전에 자야겠다.

에필로그

'나'가 아니라 '나다움'으로

물건을 구매하려다 보면 '매진 임박', '한정 수량' 이런 문구들에 흔들릴 때가 있습니다. 꼭 사지 않아도 될 법한데 지금을 놓치면 손해를 볼 것 같아서 꼭 결제를 하고 있더라고요. 이렇게 제품의 공급량을 줄여 소비자의 조급한 심리를 유발하는 마케팅 기법을 포모FOMO : Fear Of Missing Out라고 합니다. 최근에는 이 포모가 사회학자들에 의해 포모증후군FOMO Syndrome이라 불리는데요. 자신만 뒤처지거나 소외돼 있는 것 같은 두려움을 갖는 증상을 말합니다. 그야말로 어느 때보다 끌려가기 쉬운 시대입니다. 휴대폰하나로 전 세계의 소식을 발 빠르게 만날 수 있는 디지털 사회이니만큼 앞으로는 더욱더 심화될 수밖에 없겠지요. 대세라는 직업을 찾아 물건처럼 갖길 원하고, 그럴듯해 보이는 스펙을 쌓기 위해 나를 버리기도 합니다. 갓생이 트렌드라니 이에 발맞추어 노력하다 번아웃에 시달리고, SNS도 하려다 다른 사람들에 치여 자괴감만 듭니다. 맞지 않은 옷을 입은 것 같은 느낌, 남의 일 같지가 않습니다.

미국에서는 50%가 넘는 성인이 포모 증세로 고통을 겪고 있으며, 한국 사회에서도 포모증후군을 동반한 우울증은 2040에서 특히 심화되고 있다는 연구결과가 쏟아집니다. 최소한 자신의 정신 건강을 위해서만이라도 더더욱 단단히 서야 할 때입니다. 트렌드에 앞서나가는 것이나, 혹은 그 흐름에 발맞추기 위해서가 아니라 자신의 삶을 주체적으로 살아야 합니다. 나라는 존재의 이유를 곱씹어야 할 때입니다.

저 역시도 타인의 평가나 세상의 시선에 끌려다닌 시간이 많았기에, 반대급부로 나를 찾기 위해 노력해보았습니다. 다채롭게 변하는 나의 모습과 마음의 깊은 언저리에 무엇이 있는지 찾고 싶어 스스로에게 집중해보기도 했습니다. 주체적인 삶에 대한 필요성을 온몸으로 겪어내니 이제 다 되었다 싶었지요. 이렇게 내가 원하는 삶을 추구하기만 하면 항상 행복하겠지 싶었습니다. 그러나 문득 정신을 차려보니 지나치게 '나'에 집착하여 이기적으로 살아가고 있었습니다. 부족하기만 한 '나'라는 우상에 빠져 괴롭기만 했습니다. 뭐가 됐든 결론이라도 내렸으면 좋았을 텐데, 시시각각 변하는 늪에서 허우적거리며 조급한 마음에 스스로를 혹사하기도 했습니다. 내 안의 수많은 마음과 생각을 마주하면 끝인 줄 알았는데 아니었습니다. 나의 마음에 충실한 것만이 최선이 아닐 수도 있고, 바람직하지 않을 때도 있더라고요. 무엇이든 기본 과정과 심화 버전이 있다는 것을 깨닫습니다. 일이나 공부도 그렇지만 관계도, 마음가짐도, 습관도, 인생도 그렇더라고요.

'나'에 대해 충분히 고민했다면, 이제 '나다움'에 대한 생각을 할 수 있기를 바랍니다. 나를 진짜 소중히 대한다는 것은 자기연민이나 자아도취와는 다릅니다. 자기중심적인 이기적인 나가 아니라 이타적인 나에 가깝습니다. 그렇다고 다 퍼주다가 사라지는 나가 아닙니다. '내가 참 좋은데 이 세상에도 유익한 나'가 심화 버전인 것 같네요. 공자가 말한 종심소욕불유구從心所慾不踰矩가 이런 경지겠지요. 내 마음대로 해도 하늘의 뜻과 일치의 어긋남도 없는 그 상태 말입니다. 흔히들 말하는 '공부해서 남 주자'라고 표현하면 쉽게 다가올까요?

처음부터 기본은 훌쩍 뛰어넘어 빠르게 다음 단계로 넘어가면 좋으련만, 성숙 과정은 그렇지가 않더라고요. 벼를 살짝 잡아 뽑아 키가 커 보이게 한 농부의 이야기가 떠오릅니다. 옆 논밭의 벼보다 자신의 벼들이 더 잘 자라는 것처럼 보이게 하기 위해서였는데요. 예상하시다시피 결국 그 벼들은 말라 죽었답니다. 빨리빨리 문화나 선행학습이 만연한 한국 사회에서 기초부터 차근차근 밟아나간다는 건 너무나 힘들지요. 있는 그대로의 나를 인정하고 싶지 않으니까요. 그래서 저도 이런 농부와 같은 행동을 했었답니다. 하지만 수학 공부처럼 구멍이 뚫린 곳은 결국 메꿔야 하더군요. 시간과 노력이 배로 드는 것은 물론이고요. 거쳐야 할 것은 거쳐야 한다는 것을 깨달았습니다. 우리에겐 못함을 마주하는 용기가 필요합니다.

여러분만의 속도로 장기적인 관점에서 건강을 해치지 않는 수준, 조급하지 않은 마음으로 차곡차곡 '나다움'을 찾아보시길 바랍니다. 공든 탑은 무너지지 않을 거예요. 저와 함께 이야기를 나누는 동안 여러분의 생각이 꺼내졌기를 소망합니다. 이 책을 시작으로 여러분만의 나다운 삶을 살아갈 수 있기를 진심으로 응원하겠습니다. 감사합니다.

인생에 고민이 있다면
잘 살고 있는 것이다

초판 1쇄 인쇄 2023년 4월 21일
초판 1쇄 발행 2023년 4월 28일

지은이 제갈소정
발행인 김형준

편집 구진모, 김지혜
마케팅 최인석
디자인 어나더페이퍼

발행처 체인지업북스
출판등록 2021년 1월 5일 제2021-000003호
주소 경기도 고양시 덕양구 삼송로 12, 805호
전화 02-6956-8977
팩스 02-6499-8977
이메일 change-up20@naver.com
홈페이지 www.changeuplibro.com

ⓒ 제갈소정, 2023

ISBN 979-11-91378-36-8 (13190)

체인지업북스는 내 삶을 변화시키는 책을 펴냅니다.